CLEUZA CECATO

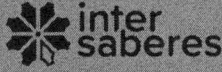

SÉRIE LÍNGUA PORTUGUESA EM FOCO

Introdução aos fundamentos teóricos da linguística

2ª edição

Rua Clara Vendramin, 58 • Mossunguê • CEP 81200-170 • Curitiba • PR • Brasil
Fone: (41) 2106-4170 • www.intersaberes.com • editora@intersaberes.com

Dr. Alexandre Coutinho Pagliarini, Drª Elena Godoy, Dr. Neri dos Santos e Mª Maria Lúcia Prado Sabatella • conselho editorial

Lindsay Azambuja • editora-chefe

Ariadne Nunes Wenger • gerente editorial

Daniela Viroli Pereira Pinto • assistente editorial

Bruno Gabriel • preparação de originais

Luana Machado Amaro • design de capa

ArtKio e marekuliasz/Shutterstock • imagens de capa

Raphael Bernadelli • projeto gráfico

Maiane Gabriele de Araujo • diagramação

Maria Elisa de Carvalho Sonda, Regina Claudia Cruz Prestes • iconografia

Dados Internacionais de Catalogação na Publicação (CIP)
(Câmara Brasileira do Livro, SP, Brasil)

Cecato, Cleuza
    Introdução aos fundamentos teóricos da linguística / Cleuza Cecato. -- 2. ed. -- Curitiba, PR : InterSaberes, 2024. -- (Série língua portuguesa em foco)

    Bibliografia.
    ISBN 978-85-227-1268-7

    1. Língua e linguagem 2. Linguística 3. Variações linguísticas I. Título. II. Série.

24-188974   CDD-410

Índices para catálogo sistemático :

1. Linguística 410

Cibele Maria Dias - Bibliotecária - CRB 8/9427

1ª edição, 2017.
2ª edição, 2024.

Foi feito o depósito legal.

Informamos que é de inteira responsabilidade da autora a emissão de conceitos.

Nenhuma parte desta publicação poderá ser reproduzida por qualquer meio ou forma sem a prévia autorização da Editora InterSaberes.

A violação dos direitos autorais é crime estabelecido na Lei n. 9.610/1998 e punido pelo art. 184 do Código Penal.

sumário

apresentação, ix

como aproveitar ao máximo este livro, xii

      um   O que é a linguística?, 15
    dois   Os sons, a gramática e a semântica, 55
    três   Características da língua: mudança e variação, 93
 quatro   Movimentos das linguísticas moderna e contemporânea, 123
  cinco   Mente e linguagem, 151

considerações finais, 179

referências, 181

bibliografia comentada, 185

respostas, 187

sobre a autora, 197

Transposto em termos linguísticos, [é] o problema metafísico da relação entre o espírito e o mundo, problema que o linguista estará, talvez um dia, em condições de abordar com sucesso, mas que no momento fará melhor se o deixar de lado.

Émile Benveniste, 2005.

apresentação

❦ COM ESTE LIVRO, temos a intenção de oferecer as primeiras reflexões sobre os estudos de língua, linguagem e linguística. Trata-se de um caminho marcado temporalmente desde as especulações e descobertas dos gregos da Antiguidade Clássica até a contemporaneidade ocidental.

Por se tratar de uma obra introdutória, optamos por aspectos que possam ligar os conteúdos, como um período a outro, a primeira reflexão à segunda e assim por diante, a fim de que não haja transições bruscas entre os conteúdos – por exemplo, ao passarmos dos estudos gregos para os latinos ou de um autor ao outro. Além disso, procuramos abordar teóricos e teorias de maneira didática, dando em vários momentos prioridade a alguns detalhes que se revelam fundamentais para a sequência de conhecimentos que você, leitor, encontrará nos diferentes módulos de estudo. Esse é o fio condutor das reflexões, pois, como consta na epígrafe, é preciso que o linguista aprenda também a "deixar de lado" alguns aspectos e privilegiar outros, sem que para isso seja negligente.

A obra está dividida em cinco capítulos, elaborados com base nas teorias linguísticas e na temporalidade de suas ocorrências. A estruturação dos capítulos prioriza a apresentação de situações em que os falantes possam perceber a aplicação do pensamento linguístico em questão. Dessa maneira, os capítulos foram divididos da seguinte maneira:

- no **primeiro capítulo**, há a discussão sobre linguagem e linguística, a qual também abrange aspectos da fala;
- no **segundo capítulo**, apresentamos elementos que permitem ampliar o conhecimento sobre sons, gramática e semântica;
- no **terceiro capítulo**, damos enfoque às discussões de mudança e variação possíveis na língua;
- no **quarto capítulo**, tratamos dos principais movimentos da linguística moderna por meio do estudo de cada uma das principais teorias;
- por fim, no **quinto capítulo**, propomos uma reflexão sobre o estudo da linguagem relacionada à mente.

Para evitar o que poderia soar como descrição topicalizada de uma teoria monótona, em todos os capítulos são aplicadas perguntas que você faria a respeito da compreensão do texto e das relações que ele estabelece com os outros momentos dos estudos da linguagem. Além disso, aparecem boxes no decorrer do texto com o intuito de complementar determinada informação ou para dar destaque a ela.

Após a sequência de reflexões, indagações e construções teóricas, sempre que possível, há indicações culturais e de aprofundamento sobre os temas. Além disso, ao final do capítulo, você ainda contará com uma série de questões objetivas e discursivas que podem auxiliá-lo na consolidação das reflexões propostas ao longo do capítulo, ou na retomada das situações com que você ainda não se sinta confortável.

Com a leitura e a realização das atividades avaliativas, esperamos conceber os estudos da linguagem como um processo contínuo, com o qual, na condição de falante, seja possível interagir e ser convidado a algumas reflexões.

Boa leitura e bons estudos!

como aproveitar ao máximo este livro

Empregamos nesta obra recursos que visam enriquecer seu aprendizado, facilitar a compreensão dos conteúdos e tornar a leitura mais dinâmica. Conheça a seguir cada uma dessas ferramentas e saiba como estão distribuídas no decorrer deste livro para bem aproveitá-las.

INTRODUÇÃO DO CAPÍTULO
Logo na abertura do capítulo, informamos os temas de estudo e os objetivos de aprendizagem que serão nele abrangidos, fazendo considerações preliminares sobre as temáticas em foco..

PRESTE ATENÇÃO!
Apresentamos informações complementares a respeito do assunto que está sendo tratado.

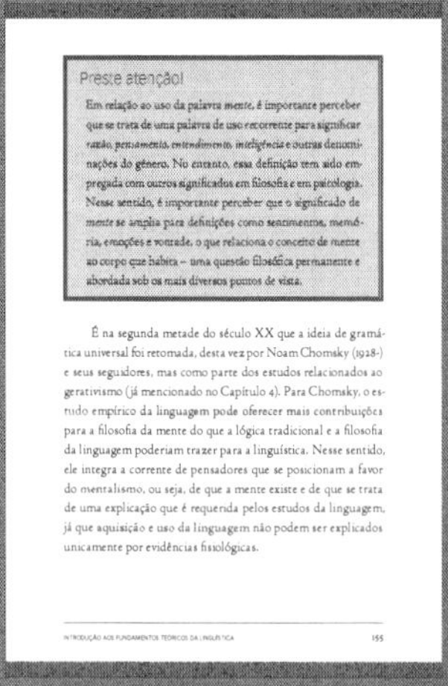

cincopontodois
O papel do cérebro na linguagem

Por estarmos em um capítulo que trata das relações entre mente e linguagem, não poderíamos deixar de mencionar o cérebro como órgão que desempenha o papel mais significativo nesse processo.

> **importante!**
>
> Sem querer aprofundar as especificações ou análises anatômicas desse órgão, para a abordagem que desejamos fazer aqui, é importante saber que o cérebro se divide em hemisférios e que o da esquerda é quem controla a linguagem, independentemente se a pessoa é destra ou canhota – situações diferentes ocorrem em caráter de exceção. Essa informação é importante, porque a especialização de um hemisfério para determinada função é conhecida como lateralização. Essa especialização carece de maturação, ou seja, vai acontecendo com o passar do tempo e pode variar de um indivíduo a outro. Parece ser um processo apenas dos humanos, que tem início aproximadamente aos dois anos de idade e se completa entre os cinco anos ou pode ir até o início da puberdade.

Quando se trata da lateralização como uma condição para a aquisição da linguagem nos seres humanos, há uma aceitação ampla apoiada principalmente na percepção de que a aquisição começa e termina praticamente ao mesmo tempo em que ocorre

---

IMPORTANTE!
Algumas das informações centrais para a compreensão da obra aparecem nesta seção. Aproveite para refletir sobre os conteúdos apresentados.

---

mais denotativo ao mais conotativo. No entanto, justamente porque o vocabulário das línguas está em constante movimento, muitas vezes, as novas significações não são necessariamente conotativas, mas podem ter um significado original que resurge no presente.

Síntese

Neste capítulo, abordamos um pouco da fonologia, que é a área que estuda os fonemas; da fonética, que é a área que estuda os meios fônicos e serve de embasamento aos estudos fonológicos; e da transcrição fonética, que é o método pelo qual são transcritos os sons de uma língua.

Em relação aos estudos gramaticais, tratamos brevemente da gramática gerativa de Chomsky, que pode ser definida e empregada de diferentes maneiras. O recorte de emprego linguístico que analisamos, em especial, foi o voltado à abordagem e descrição das línguas naturais, cuja concepção considera a recursividade (maneira de se referir, de diferentes formas, a estruturas diversas dentro de uma sentença) e a estrutura de constituintes (capaz de provar que podemos produzir estruturas sintaticamente corretas, mas semanticamente absurdas).

Dentro da gramática gerativa, exploramos um pouco a gramática transformacional, que é a "teoria forte" apresentada por Chomsky sobre a descrição do processo criativo da linguagem e dos processos de transformação pelos quais o sintagma (parte da sentença) pode passar.

Por fim, aprofundamos um pouco dos conhecimentos sobre semântica, que é o estudo dos significados das palavras, sentenças,

---

SÍNTESE
Ao final de cada capítulo, relacionamos as principais informações nele abordadas a fim de que você avalie as conclusões a que chegou, confirmando-as ou redefinindo-as.

Indicações culturais

O ENIGMA de Kaspar Hauser. Direção Werner Herzog. Alemanha: Versátil Home Video, 1974. 110 min.

O filme trata dos mitos sobre a aquisição e mostra o surgimento da linguagem entre os seres humanos, que sempre podem render excelentes histórias, reais ou fictícias.

ORWELL, G. 1984. São Paulo: Companhia das Letras, 2009.

Nesse romance, George Orwell apresenta um sistema distópico dominado por um Estado totalitário governado por um líder intitulado Big Brother. Nesse contexto, surgem a novilíngua e as possibilidades aplicáveis à nossa realidade contemporânea, quando, por exemplo, tratamos com eufemismos certas situações. A leitura da obra vale muito a pena pelo comparativo e pela reflexão. Orwell deve ser colocado no patamar de autores indispensáveis à formação de qualquer leitor.

TEMPO de despertar. Direção Penny Marshall. EUA: Columbia TriStar, 1990. 121 min.

O filme capta a curiosidade do ser humano em relação ao que pode ser desencadeado por suas aptidões de linguagem, seja da audiovisual ou corporal, e que podem trazer inúmeros benefícios desdobramentos a médio e longo prazo. Essas reflexões podem, inclusive, ser emocionantes.

INDICAÇÕES CULTURAIS
Para ampliar seu repertório, indicamos conteúdos de diferentes naturezas que ensejam a reflexão sobre os assuntos estudados e contribuem para seu processo de aprendizagem.

ATIVIDADES DE AUTOAVALIAÇÃO
Apresentamos estas questões objetivas para que você verifique o grau de assimilação dos conceitos examinados, motivando-se a progredir em seus estudos.

ATIVIDADES DE APRENDIZAGEM
Aqui apresentamos questões que aproximam conhecimentos teóricos e práticos a fim de que você analise criticamente determinado assunto.

BIBLIOGRAFIA COMENTADA
Nesta seção, comentamos algumas obras de referência para o estudo dos temas examinados ao longo do livro.

um   O que é a linguística?
dois   Os sons, a gramática e a semântica
três   Características da língua: mudança
e variação
quatro   Movimentos das linguísticas moderna
e contemporânea
cinco   Mente e linguagem

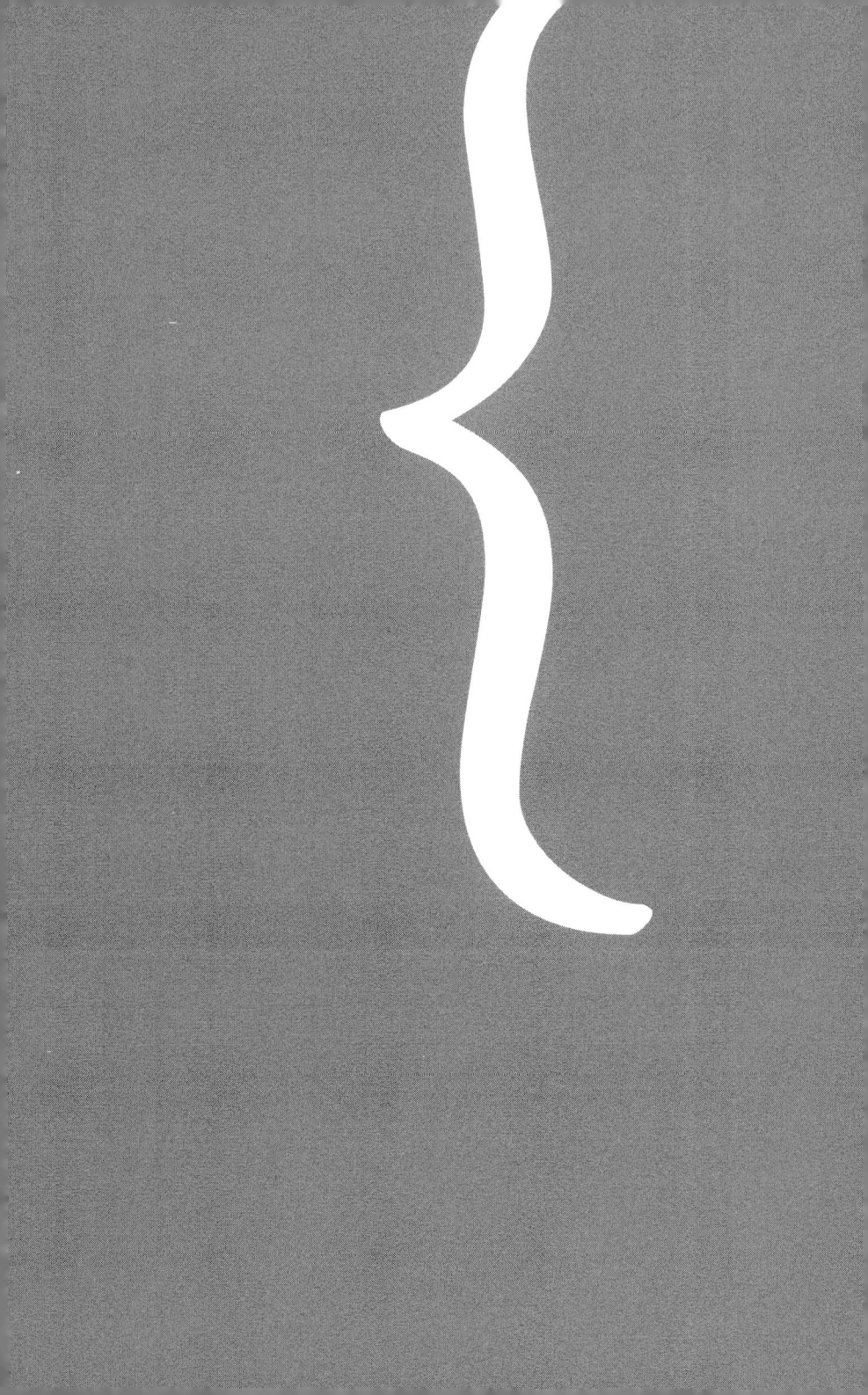

❰ NESTE CAPÍTULO, TRATAREMOS das concepções de linguagem, de noções relacionadas aos meios de realização de uma língua – escrito e falado – e as propriedades que fizeram da linguística uma ciência.

Convido você a participar dessa caminhada para construirmos juntos as principais definições e reflexões teóricas de que necessitamos para fazer um estudo esclarecedor sobre as línguas em geral e a ciência que delas se ocupa: a linguística.

umpontoum
Histórico das tradições linguísticas

Antes de chegarmos à definição de conceitos, é fundamental discorrermos sobre o despontar de uma ciência como a linguística. Ela alcançou seu *status* como tal apenas no início do século XX, mesmo já sendo motivo de especulações, hipóteses e formulações e estando atrelada a outras áreas de conhecimento.

No Ocidente, costuma-se apontar o início da tradição linguística na Grécia, já que foram os gregos os responsáveis por dar início ao que temos registrado como especulações que deram origem aos estudos linguísticos. Por isso, nossas reflexões iniciarão na Grécia Clássica, mais precisamente no século V a.C., época em que encontramos os primeiros registros de especulações relacionadas à linguística – que constitui apenas um dos vários campos em que os gregos foram pioneiros.*

Talvez o ponto de partida para a produtividade das discussões sobre linguagem entre os gregos tenha sido a percepção de que existiam línguas diferentes e dialetos (modos de falar) diversos entre os falantes. É verdade que pouco sabemos sobre

---

* Os termos *linguagem*, *língua*, *estudos linguísticos* e *gramática* são empregados entre os gregos e romanos ainda sem a diferenciação que fazemos hoje; eles são, em muitas situações, empregados indistintamente como sinônimos. Alguns conceitos podem ser desconhecidos, mas eles serão abordados no decorrer da obra com o detalhamento necessário para seu conhecimento e emprego.

os contatos comerciais ou a comunicação do dia a dia entre os gregos, mas algumas informações permitem perceber que havia percepção das diferenças e certa preocupação em conhecer a origem do vocabulário da própria língua. Isso é verificável quando encontramos na obra *Crátilo* (473 a.C.), de Platão, a elaboração da possibilidade de as palavras gregas terem origem alienígena. De outro lado, encontramos também o registro muito forte de *barbaroi* (bárbaros), palavra com que os gregos denominavam os falantes de outras línguas, o que, se não indica o interesse por essas línguas, ao menos demonstra a percepção bem marcada da diferença existente.

Neste momento, poderíamos indicar várias especulações, como: Será que todos os gregos se entendiam? Todos os dialetos eram escritos e falados? Será que a *Ilíada* e a *Odisseia* já existiam?

> ### Preste atenção!
>
> O que são a *Ilíada* e a *Odisseia*, afinal? São dois poemas, datados aproximadamente do século X a.C., que registram dois grandes feitos: o primeiro celebra a vitória grega na guerra de Troia, e o segundo retrata o retorno do guerreiro Odisseu (ou Ulisses) até sua casa, na Ilha de Ítaca, depois da guerra de Troia. São duas obras que não só tiveram importante papel na educação dos gregos a partir do século VI a.C., como também simbolizam o início da literatura ocidental.

É verdade que a simples menção a essas duas obras tão marcantes renderia muitas elaborações e reflexões. No entanto, não faremos isso neste momento porque estamos tratando da marca que essas obras representam nas discussões relacionadas à linguagem.

Esses dois poemas foram transmitidos entre os gregos pela cultura oral, por meio de recitações (as quais demonstravam erudição). É importante salientar, no entanto, que ainda no 1º milênio a.C. havia um registro escrito do grego ático (ateniense) clássico e de outros dialetos. A identificação e a decifração do que representou esse alfabeto é uma das conquistas mais importantes a respeito dos conhecimentos linguísticos da Grécia Antiga. Depois disso, quando os gregos adotaram o sistema de escrita fenício, ficou por conta do leitor acrescentar as vogais, já que o registro era basicamente consonântico. Com o passar do tempo, os gregos delinearam seu próprio alfabeto a partir do fenício e chegaram, por exemplo, à denominação de *grámmata*: "aquele que sabe ler e escrever corretamente" – cuja concepção inicial nada mais era do que o indivíduo alfabetizado. Outro conceito surgido na época foi a *téchne grammatiké*, que diz respeito à arte de ler e escrever bem.

Naquela época, as discussões sobre a linguagem estavam vinculadas aos estudos e reflexões da filosofia, campo muito abrangente sob o qual ficava toda e qualquer discussão.

As discussões sobre linguagem foram tão produtivas entre os gregos que não é incomum encontrar definições que, embora só fossem posteriormente alcançadas, já eram prenunciadas por eles. Um exemplo disso é a distinção feita aproximadamente em

300 a.C. entre forma e conteúdo da linguagem, termos hoje nomeados como *significante* e *significado*, mas que só foram detalhados nos estudos linguísticos realizados no século XX pelo linguista **Ferdinand de Saussure** (1857-1913), conforme explicaremos oportunamente. Outro exemplo está na dicotomia *analogia* × *anomalia*, que opôs **Aristóteles** (384 a.C.-322 a.C.) e os estoicos a respeito dos desdobramentos morfológicos das palavras. Enfim, várias são as possibilidades de referência, ainda entre os gregos, de termos e conceitos que viriam a ser descobertos e detalhados séculos depois por linguistas europeus.

A expressão *téchne grammatiké*, definida anteriormente, deu nome ao que pode ser considerada hoje como a primeira gramática do Ocidente, escrita por Dionísio da Trácia (170 a.C.-90 a.C.), região da Macedônia, por volta do ano 100 a.C. Em apenas 15 páginas e 25 seções, essa é a primeira explicação registrada e sistematizada da língua grega. Mas o que Dionísio escreveu sobre gramática? Com base em observações, ele definiu *gramática* como o conhecimento prático do uso da linguagem feito por poetas e prosadores. Trata-se de algo que, posteriormente, foi tomado por outros gramáticos como ponto de partida para outros estudos.

No século III a.C., houve a ampliação das fronteiras em que se davam os estudos de linguagem com a dominação do território grego por Roma, a qual reconhecia, sem hesitar, a superioridade das manifestações intelectuais e artísticas dos gregos. Não é de se estranhar, então, que as primeiras experiências acerca da reflexão linguística entre os romanos tenham sido a pura aplicação do pensamento grego ao latim.

Os compêndios de historiografia linguística costumam datar o início dos estudos desse ramo em Roma com uma história bem peculiar: o filósofo e gramático grego Crates de Malos teria ido a Roma, no século II a.C., em uma viagem de interesse político. Nesse percurso, quebrou a perna e ficou acamado, sem poder retornar para a Grécia. Conta-se que nesse período ele aproveitou para palestrar aos interessados o que sabia sobre os estudos gramaticais e literários desenvolvidos em sua terra natal. Obviamente, esse é apenas de um marco metafórico para o ingresso dos estudos linguísticos entre os latinos, já que nesse tempo havia grande contato entre os pensadores gregos e a cultura romana.

É fruto desse extenso contato o primeiro referencial entre os latinos para os estudos da linguagem: o *De lingua latina*, do romano **Marco Terêncio Varrão** (116 a.C.-27 a.C.), composto por 25 volumes que tratam especialmente da controvérsia analogia × anomalia na língua latina (trataremos detalhadamente disso adiante). É possível observar desde Varrão até os gramáticos dos séculos V e VI a preocupação em descrever principalmente as classes de palavras.

Em termos históricos, poderíamos nos prender à descrição passo a passo de como se deu a decadência do Império Romano e a transição para a Idade Média; no entanto, vamos nos manter mais atrelados ao que surge como sequência do pensamento linguístico, fazendo as devidas referências históricas, quando necessário, para situar os fatos.

Na Idade Média, com o surgimento de algumas descrições etimológicas, como a de **Santo Isidoro de Sevilha** (560-636), os estudos gramaticais ficaram estreitamente relacionados à prescrição de regras. Apenas na Baixa Idade Média (a partir de 1100) surgiram abordagens um pouco mais dissociadas de obras de caráter exclusivamente pedagógico, indicando o que seria o florescimento dessas obras no período subsequente: o Renascimento. É a partir dessa época que surgem trabalhos marcantes sobre as línguas neolatinas, como o *De vulgari eloquentia*, de **Dante Alighieri** (1265-1321), os quais trouxeram a força necessária para o estabelecimento de idiomas autônomos a partir do que poderia ser considerado apenas um "latim corrompido".

Já no século XVII, foi criada entre as chamadas *gramáticas gerais*, muito comuns na época, a *Gramática de Port-Royal* (1660), sobre a qual se assentaram estudos lógico-linguísticos que caracterizavam as buscas reflexivas sobre linguagem no período. Havia aí uma tentativa de, com base em exemplos gregos, latinos, hebraicos e de línguas europeias modernas, estabelecer uma gramática geral, algo que pode ser associado ao que veremos fluir com mais concretude quando tratarmos de método comparativo.

Entretanto, somente no século XIX houve a produtividade do estabelecimento do parentesco entre línguas pelo método comparativo, que embasou os estudos linguísticos contemporâneos e a concepção da linguística como ciência autônoma, já no século XX.

Após essa breve incursão histórica, podemos dar início às reflexões a respeito da liguagem e dos motivos pelos quais estudamos e como estudamos as línguas.

Para localizar com mais precisão o percurso histórico dos estudos linguísticos e de algumas de suas referências no Ocidente até a chegada do século XX, acompanhe a linha do tempo a seguir, na Figura 1.1.

FIGURA 1.1 – LINHA DO TEMPO DOS ESTUDOS LINGUÍSTICOS

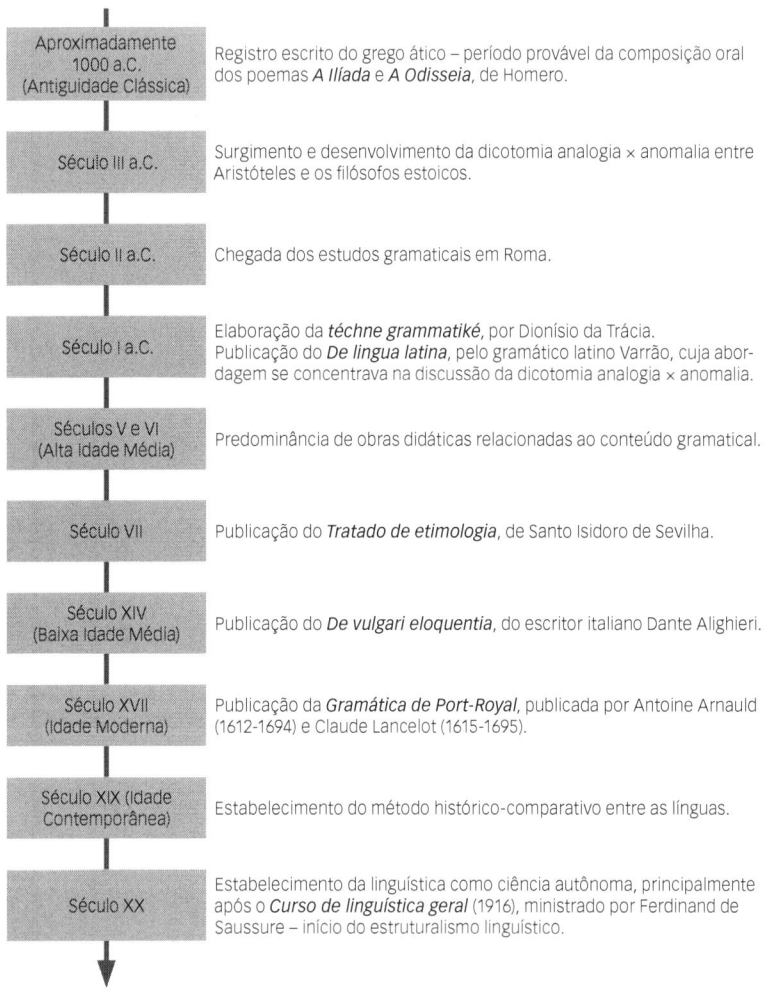

Aproximadamente 1000 a.C. (Antiguidade Clássica)	Registro escrito do grego ático – período provável da composição oral dos poemas *A Ilíada* e *A Odisseia*, de Homero.
Século III a.C.	Surgimento e desenvolvimento da dicotomia analogia × anomalia entre Aristóteles e os filósofos estoicos.
Século II a.C.	Chegada dos estudos gramaticais em Roma.
Século I a.C.	Elaboração da *téchne grammatiké*, por Dionísio da Trácia. Publicação do *De lingua latina*, pelo gramático latino Varrão, cuja abordagem se concentrava na discussão da dicotomia analogia × anomalia.
Séculos V e VI (Alta Idade Média)	Predominância de obras didáticas relacionadas ao conteúdo gramatical.
Século VII	Publicação do *Tratado de etimologia*, de Santo Isidoro de Sevilha.
Século XIV (Baixa Idade Média)	Publicação do *De vulgari eloquentia*, do escritor italiano Dante Alighieri.
Século XVII (Idade Moderna)	Publicação da *Gramática de Port-Royal*, publicada por Antoine Arnauld (1612-1694) e Claude Lancelot (1615-1695).
Século XIX (Idade Contemporânea)	Estabelecimento do método histórico-comparativo entre as línguas.
Século XX	Estabelecimento da linguística como ciência autônoma, principalmente após o *Curso de linguística geral* (1916), ministrado por Ferdinand de Saussure – início do estruturalismo linguístico.

Apresentaremos o desdobramento dos estudos linguísticos (do início do século XX até a atualidade) no desenrolar dos capítulos.

umpontodois
Os conceitos de linguagem e língua

A curiosidade ou a inquietação sobre novos temas e estudos pode ser revelada em perguntas singelas, afinal, se quando vamos iniciar os estudos em alguma disciplina ou ciência na escola fazemos perguntas como "O que é isso?", "Para que serve?", "Quando vou utilizar?", essa reação não deve ser diferente quando somos confrontados por novos estudos em nossa formação universitária.

Mas, afinal, por que estamos afirmando isso? Porque, ao começar seus estudos em linguística, você fará esse tipo de questionamento, que pode ser exemplificado por: "O que se estuda em linguística?". A partir do momento em que essa pergunta parecer mais ou menos respondida, você poderá gerar outras que, a princípio, podem parecer meramente especulativas, mas são, na verdade, desdobramentos de uma discussão específica. Um exemplo disso é: "O que é linguagem?".

Eis aí uma pergunta mágica: ao se perguntar o que é **linguagem**, você pode incursionar pelas mais variadas abordagens e explicações sobre linguagem, língua e fala. Além disso, pode desvendar situações de uso cotidiano de nosso idioma que antes pareciam apenas informações cristalizadas.

Convidamos você para, deste ponto em diante, fazer perguntas sobre linguagem e encontrar os melhores caminhos para respondê-las.

> **Preste atenção!**
>
> Sobre a linguagem, é importante, antes de tudo, explorarmos como alguns teóricos abordaram e elaboraram sua definição. Assim, ainda que nenhuma definição seja perfeita, é possível escolher aquela que se apresenta como embasamento para o tipo de ensino de língua, por exemplo, que se deseja realizar. Veremos algumas delas a seguir.

Edward Sapir (1884-1939) definiu linguagem como um "método puramente humano e não instintivo de se comunicarem ideias, emoções e desejos por meio de símbolos voluntariamente produzidos" (Sapir, 1929, p. 8, citado por Lyons, 1987, p. 3).

À medida que você lê essa definição, é importante que vá formulando suas próprias hipóteses e questionamentos. Afinal de contas, o que o autor deseja recobrir com palavras como *ideias*, *emoções* e *desejos*? Se você chegou à conclusão de que são termos muito abrangentes, seu raciocínio está correto; se você imaginou outras ações de linguagem que não estão contidas nas definições de *ideias*, *emoções* e *desejos*, você também acertou.

É bom também observar que, em relação ao sistema de símbolos voluntariamente produzidos, temos uma gama de possibilidades que não utilizam necessariamente a fala para se realizar. Observe, por exemplo, a funcionalidade dos *emoticons*, que são representações de expressões faciais.

> **Importante!**
>
> Em uma definição mais abrangente, podemos dizer que a linguagem se trata da capacidade que os seres humanos têm de se comunicar por intermédio da fala, da escrita ou de gestos.

Em 1942, Bernard Bloch (1906-1965) e George Leonard Trager (1906-1992) apresentaram uma definição de **língua**, a qual foi descrita como "um sistema de símbolos vocais arbitrários por meio dos quais um grupo social coopera" (Bloch; Trager, 1942, p. 5, citados por Lyons, 1987, p. 3). Ao observarmos essa definição, logo percebemos que ela está voltada enfaticamente à língua falada, que é tratada como "sistema de símbolos vocais". Essa especificação automaticamente exclui as realizações da língua escrita e da língua de sinais, o que enfraquece a concepção de língua apresentada.

Um pouco mais tarde, já na segunda metade do século XX, Robert A. Hall Jr. (1911-1997), precisamente em 1968, definiu língua como "a instituição pela qual os humanos se comunicam e interagem uns com os outros por meio de símbolos arbitrários orais-auditivos habitualmente utilizados" (Hall, 1968, p. 158, citado por Lyons, 1987, p. 4).

O que temos nesta última definição de mais especializado em relação à anterior? Você logo deve ter percebido o uso da noção de **interação**, mais abrangente do que a cooperação empregada na definição de Bloch e Trager. Ainda assim, perceba que a combinação oral-auditiva continua tratando apenas da realização falada da língua. Retomando a definição de Sapir sobre linguagem, podemos perceber que há aqui, novamente, a ideia de tratar a língua como instituição humana, ou seja, como parte de uma sociedade. Entretanto, a ideia mais expressiva presente nessa definição é a noção de *habitualmente utilizado*, combinação que ganhou força pelas influências dos estudos de teorias de estímulo e resposta, principalmente dos behavioristas norte-americanos, que utilizaram *hábito* para caracterizar respostas previsíveis a partir de determinados estímulos.

Importante!

A **língua** pode ser definida como o sistema pelo qual um conjunto de falantes se comunica. Os membros que compartilham uma mesma língua conhecem as características desse sistema, desde as regras até o que se pode chamar de *transgressões em diferentes situações de comunicação*.

Em 1964, Robert H. Robins (1921-2000), em lugar de apresentar uma nova definição, fez uma ressalva sobre as já evidenciadas, tratando-as como restritivas em relação ao objeto estudado por não apresentarem uma teoria geral da língua, da linguagem e da análise linguística. Talvez a contribuição mais importante da análise proposta por ele esteja no fato de ele afirmar que as línguas são dotadas de adaptabilidade e flexibilidade. Isso pode ser constatado na afirmação de que "as línguas possuem infinita capacidade de extensão e modificação, conforme variem as necessidades e condições de seus falantes" (Robins, 1964, p. 14, citado por Lyons, 1987, p. 5).

Embora seja anterior a Robins, a última definição ou análise que mencionaremos aqui é a de **Noam Chomsky** (1928-), apresentada em 1957. Optamos por colocá-la nesta ordem por se tratar de uma possibilidade que amplia as concepções de língua e linguagem para a noção de sentença, pois considera a "lingua(gem) como um conjunto (finito ou infinito) de sentenças, cada uma finita em comprimento e construída a partir de um conjunto finito de elementos" (Chomsky, 1957, p. 13, citado por Lyons, 1987, p. 5). Para Chomsky, todas as línguas naturais são, por definição, linguagens, pois apresentam um conjunto finito de sons e de letras em seu alfabeto (quando dispõem de um); e, mesmo apresentando um número infinito de sentenças, elas têm um número finito de sons para serem representadas.

A essa altura, é importante retomarmos uma das perguntas iniciais de nossa discussão ("O que é linguagem?") e acrescentar outra, que talvez você já tenha feito ao ler a definição de Chomsky: "O que é uma língua natural?". Para simplificar as definições possíveis de língua natural, podemos caracterizá-la como algo desenvolvido pelo ser humano naturalmente. Questionamentos a respeito da língua de sinais ser ou não natural podem aparecer nesse ponto, ao que devemos responder que sim, a língua de sinais é uma realização da língua natural porque tem as mesmas características desta (por exemplo, gramática e sintaxe) e é desenvolvida com o objetivo de estabelecer comunicação.

> ### Preste atenção!
>
> Uma das dúvidas que costuma surgir quando se define língua natural é como caracterizar uma língua como o esperanto. Eis uma questão que recebe diferentes abordagens, pois, em geral, para quem usa essa língua, é preferível tratá-la como uma língua planejada. Contudo, fora dessa comunidade, ela é tratada como língua artificial. A partir dessa dúvida, pode ser que haja o surgimento de outra, não menos importante: como ficam as línguas da ficção, empregadas em livros e filmes, como o quenya e o sindarin, das obras de J. R. R. Tolkien, a novilíngua, de George Orwell, e o klingon, criado pelo linguista Marc Okrand para a série *Jornada nas estrelas*? Nesses casos, vemos línguas artificiais, pois foram especialmente inventadas para uma situação ficcional.

É preciso ampliarmos a discussão para algumas outras noções, como a de *comportamento linguístico*. Uma das ações que identificam o comportamento linguístico é a escolha de uma ou outra língua. Isso ocorre a partir do momento em que um grupo de falantes escolhe – ou alguém escolhe por eles – qual será seu idioma de comunicação.

Talvez, neste momento, você já tenha pensado e até feito comparações entre a comunicação humana e algumas situações que você pode considerar como comunicação entre animais. É muito comum que os compêndios de linguística tragam o registro acerca do estudo do sistema de comunicação entre as abelhas. E qual é o motivo de esse sistema não ser considerado linguagem? As descrições minuciosas dos sinais realizados pelas abelhas para indicar a direção e a distância do néctar mostram que se trata de uma comunicação que só atende a essa finalidade, o que não caracteriza uma realização de linguagem propriamente dita.

> **Importante!**
>
> Podemos definir a fala como um ato individual de utilização da língua. É a manifestação da língua, na oralidade, de acordo com a situação, o contexto, a personalidade, o ambiente sociocultural, entre outros aspectos que determinam o que será empregado no discurso do indivíduo.

Possivelmente, ao longo de seus estudos sobre língua e linguagem, você irá receber a informação de que a língua falada é mais básica do que a língua escrita. Então, para que você já saiba exatamente o que isso quer dizer, vamos detalhar a seguir.

umpontotrês
Sotaque, dialeto e idioleto

Embora a língua falada pareça mais "simples" (quando comparada à escrita), isso não é verdade, já que ela não é uma organização homogênea. Pense, por exemplo, sobre como nascem as gírias e as expressões idiomáticas. Ao percebermos que elas surgem na língua oral, um pouco de reflexão nos leva a identificar a fala como o meio em que a língua se transforma antes que isso ocorra na escrita. Além disso, a concentração de estudos relacionados à língua escrita, praticamente até o século XIX, levou a algumas confusões, como a de estender normas do padrão literário para as normas de correção da própria língua.

Outra constatação que pesa na balança a favor da necessidade dos estudos relacionados à fala ocorre com base na percepção de que, embora a maioria das línguas contemporâneas possa ser tanto falada quanto escrita, não há registros de sociedades humanas que tenham funcionado sem a comunicação pela fala – embora ocorra o contrário. Podemos exemplificar isso com a taxa de analfabetismo brasileira no início do século XX, que era de 65% (Inep, 2003), para mostrar que o não conhecimento da escrita não impedia a comunicação pela fala.

Por outro lado, ocupar-se de compreender e registrar as alterações da língua falada é uma ação muito importante para entender a fluidez e as transformações pelas quais os idiomas passam. Um exemplo dessa necessidade é o entendimento dos processos que levaram o latim a se transformar nas línguas neolatinas, como o português. Caso não houvesse registro do chamado *latim vulgar* (fortemente baseado na maneira como se falava o idioma), haveria uma lacuna de difícil preenchimento na descrição de como a forma de uma palavra sobreviveu ou mesmo apareceu em lugar de outra, aclamada e empregada na língua escrita.

Ainda hoje, não é incomum lermos abordagens que tratam a língua como se ela fosse um sistema completamente homogêneo. O que isso quer dizer e por que não é verdade? A pressuposição de que as línguas são empregadas da mesma forma por seus falantes é uma grande ilusão que contamina possíveis pesquisas e abordagens sobre qualquer língua. Dizer que determinada comunidade linguística emprega a língua de maneira homogênea é desconsiderar as variações e transformações realizadas individualmente, ou mesmo em diferentes etapas por subgrupos dentro dessa comunidade.

A constatação de que as línguas são, por sua essência, **heterogêneas**, é um passo importante para reconhecer que há sotaques e dialetos diferentes em uma mesma comunidade de falantes. Mas qual é a definição e quais são os exemplos de sotaque e dialeto?

Quem aprendeu ou está aprendendo uma língua estrangeira certamente já recebeu a informação de que seu sotaque está muito pesado em relação a uma pronúncia ou outra, ou mesmo já ouviu que sua pronúncia está com "sotaque de nativo". Geralmente, estar com "sotaque de nativo" representa um elogio, já que um dos objetivos de quem aprende um novo idioma é se comunicar com falantes nativos daquela língua sem percalços. Mas nativo de onde?

Pode ser o nativo de determinado país, como os Estados Unidos, ou de determinada região ou estado, como o Texas. Assim, notaremos diferenças no sotaque de um cidadão estadunidense em relação a um canadense, mas também entre cidadãos de um mesmo país, como no caso de um nova-iorquino e um texano.

Juntamente a essas diferenças de pronúncia há outras características que particularizam a forma de falar de determinado grupo, algo que definimos como *dialeto*. Essas diferenças podem ser culturais, como no caso das regiões Sul e Nordeste do Brasil, etárias, sociais etc.

Assim, é importante salientar que esse "sotaque nativo" engloba os dois conceitos supracitados, pois geralmente se escolhe, para o ensino de uma língua, o dialeto e o sotaque de maior prestígio, que alcançaram o *status* de língua ou norma-padrão para o idioma. Por exemplo, encontramos na televisão brasileira uma predominância do uso da norma-padrão da língua portuguesa e do sotaque carioca.

> ### Preste atenção!
>
> A essa altura, você já percebeu, pelas menções relacionadas à pronúncia, que o **sotaque** está diretamente relacionado às marcas de fala, enquanto **dialeto** é uma definição mais ampla, que engloba pronúncia, características semântico-lexicais e morfossintáticas. Existe também o **idioleto**, que podemos definir como as marcas particulares da fala de cada indivíduo. É como se dentro do dialeto, que é coletivo, houvesse um conjunto de marcas de oralidade que diferenciam cada um dos indivíduos.

Precisamos ter muito cuidado também com a ideia de que os dialetos de cada região sejam claramente demarcados. Isso pode não ocorrer, pois cada falante carrega consigo seus próprios traços de pronúncia e escolha de vocabulário. Essa realização individual da língua se chama *idioleto* e pode ser alterada em razão de diversos fatores ao longo de toda a existência do falante. Isso pode acontecer, por exemplo, devido ao fato de um falante aprender uma língua estrangeira ou se mudar de uma região para outra.

Um dos aspectos que constrói o idioleto de alguém é o estilo, pois as escolhas fonéticas, morfológicas, sintáticas e de vocabulário, em geral, estão relacionadas ao processo de utilização individual da língua. Por exemplo, se um indivíduo tem o hábito de empregar palavras de outro idioma para se referir a determinadas situações, isso pode ser definido como um estilo; se um falante originário de determinada região se muda para outra e emprega em sua fala aspectos regionais das duas regiões, isso também compõe o seu estilo.

Agora que já explicamos por que a fala não é uma unidade homogênea, mas sim um conjunto diversificado de possibilidades, a seguir aprofundaremos nosso estudo sobre a linguística a respeito de suas principais vertentes.

umpontoquatro
A ciência linguística e suas dicotomias

Você já pensou sobre o motivo de termos de explicar que a linguística é uma ciência? Lembre-se de que não há necessidade de conferir o *status* de ciência à física, à química ou à biologia, por exemplo, justamente porque o termo *science*, em inglês, define e sintetiza ciências naturais e seus meios de investigação. Então, é preciso reconhecer que, ao insistir que a linguística é, sim, uma ciência, os linguistas estão se preocupando em diferenciar a pesquisa de caráter científico e a aplicação de métodos das simples e rasas afirmações de senso comum ou especulações em relação à linguagem. Ao enfatizar isso, os estudiosos nos mostram que a primeira característica que justifica o *status* de ciência inconteste à linguística é o fato de ela ser empírica ao invés de intuitiva: ela está calcada na objetividade e apresenta vocabulário técnico próprio para definir seus conceitos.

    O fato de haver muitas diferenças entre as realizações de um mesmo elemento não impede que se possa transformar um estudo em ciência. É justamente por essa profusão de possibilidades que se percebe a necessidade de pesquisar e organizar descobertas sobre um determinado objeto. Nesse caso, o objeto a que nos referimos é tanto a língua quanto a linguagem e são os estudos realizados a partir desses dois objetos que trazem à luz a ciência linguística.

Ao longo de seus estudos, você encontrará diferentes ramificações dessa ciência. Neste momento, vamos nos ocupar em diferenciar linguística geral de linguística descritiva. Para exemplificar, podemos tomar como referência novamente a pergunta: "O que é linguagem?".

Nesse exemplo, a **linguística geral** se ocuparia com a formulação de possíveis respostas a essa pergunta, enquanto a **linguística descritiva** buscaria comprovar ou refutar hipóteses a respeito dessas respostas.

Assim, considerando que a linguística geral pudesse gerar uma hipótese de que todas as línguas do mundo apresentam sons nasais, basta que a linguística descritiva encontre uma língua que não apresente essa característica para desconstruir essa hipótese. Contudo, mesmo para fazer isso, a linguística descritiva se valerá de conceitos trazidos da linguística geral.

Então, quais são as finalidades e os objetivos pelos quais se busca descrever uma língua? A linguística descritiva não busca meramente comprovar ou desconstruir conceitos da linguística geral ou fornecer-lhe dados: seu principal objetivo é escrever gramáticas e dicionários que sejam referência para o uso dessa língua.

A partir da separação entre linguística geral e descritiva, podemos buscar outras relações entre pares, ou seja, outras **dicotomias** – termo muito empregado em estudos linguísticos para sintetizar conceitos em pares opostos. Uma dessas dicotomias vem da relação entre *diacronia* e *sincronia*.

A concepção **diacrônica**, também conhecida como **linguística histórica**, se ocupa dos estudos de determinada língua ao longo da história (ou seja, "através do tempo"). Foi a principal tarefa desenvolvida ao longo do século XIX, quando os estudos linguísticos trabalharam arduamente na formulação de hipóteses capazes de responder às perguntas sobre as transformações sofridas pelas línguas ao longo do tempo. A **sincronia**, por sua vez, é a descrição que se ocupa das características da língua em determinado período, sem considerar as transformações ocorridas ao longo do tempo.

Outra dicotomia, não menos importante, está nas diferenças entre *linguística teórica* e *linguística aplicada*. A **linguística teórica** tem por objetivo estudar e descrever a línguas, a fim de gerar hipóteses e teorias sem que haja preocupação com aplicações práticas de seus conceitos ao ensino de línguas, por exemplo. Já a **linguística aplicada**, como o próprio nome sugere, está intimamente relacionada à aplicação de conceitos linguísticos ao ensino de línguas.

> ### Preste atenção!
> É importante considerar que a maioria dos teóricos da linguagem, quando usa a expressão *linguística teórica*, geralmente está se referindo à linguística geral por extensão.

Agora, vamos explorar melhor essa noção com base na dicotomia descrição × prescrição, que coloca a língua como objeto do ato de descrever ou de prescrever algo a seu respeito. Vamos explorar esses conceitos.

Possivelmente, ao pensar em **prescrição**, uma das ideias que lhe vem à cabeça seja a de prescrições médicas, o que não deixa de ser uma excelente analogia. Quando o médico faz uma prescrição, ele dá ordens ou orientações que têm a função de, entre outras, fazer com que o paciente não realize ações erradas ou que dificultem a possibilidade de melhorar sua saúde. E quando se fala em **prescrição linguística?** Trata-se do mesmo tipo de indicação: regras e orientações que definem o certo e o errado em relação ao comportamento linguístico do falante.

E por que essa concepção tem na descrição uma dicotomia? Porque a **descrição** não se preocupa em mostrar e conduzir o falante ao que é certo ou errado, mas em descrever propriamente os fatos de uma língua.

Ficou difícil? De maneira geral, a prescrição diz "faça isso e não aquilo", enquanto a descrição mostra como e em que circunstâncias os falantes estão "fazendo isso e não aquilo".

Nesse ponto, talvez você manifeste uma reflexão que tende a concordar com a descrição, pois pode considerar mais interessante a percepção de como e por que as mudanças acontecem em lugar de ignorar ou tentar sufocar as transformações. Entretanto, não podemos nos esquecer de que a gramática normativa, que está na base do ensino de línguas até hoje, é uma realização prescritiva, ou seja, que estabelece o certo e o errado em relação aos usos da língua escrita.

Entenda, nesse momento, que não estamos fazendo qualquer juízo de valor sobre a gramática normativa, mas considere que embasar o ensino de uma língua apenas nas ferramentas de correção oferecidas por ela é uma prática que não permite ao falante refletir com mais coerência e amplitude sobre a língua. Isso também não significa que a descrição instaure o caos linguístico, como muitos podem temer. Mas em que medida isso acontece? Convido você a voltarmos um pouco no tempo para perceber que a preocupação em prescrever a correção linguística não é nova.

Os romanos falavam latim, mas as línguas neolatinas, como vimos anteriormente, não derivam do latim clássico, mas sim do latim vulgar (ou seja, do latim do dia a dia, falado pelo povo, não do escrito pelos senadores romanos). Esse latim, assim como qualquer outra língua aprendida e reproduzida "de ouvido", foi apresentando e incorporando transformações na pronúncia de suas palavras, entre outras características. Com base nessa percepção, surgiu um documento chamado *Appendix probi*, que significa literalmente *lista de correção*. Trata-se de uma prescrição em relação aos usos da língua, composta por 227 pares de palavras, em que as formas gráficas consideradas "corretas" (literárias) são grafadas ao lado da forma usada à época.

Os exemplos escolhidos para ilustrar essa sequência são, de um lado, palavras que se transformaram e chegaram até nossos dias, em português; de outro, palavras muito recorrentes na transição entre latim clássico e latim vulgar. Todos os pares estão separados pela expressão *non*, que equivale a *e não*. Observe:

> *porphireticum marmor* non *purpureticum marmur*
> *tolonium* non *toloneum*
> *speculum* non *speclum*
> *masculus* non *masclus*
> *vetulus* non *veclus*
> *vitulus* non *viclus*
> *vernaculus* non *vernaclus* [...]

FONTE: Appendix Probi, 2017, p. 46, grifo nosso.

Uma das reflexões que precisamos fazer com base nisso é que ninguém corrige o que não está sendo produzido ou empregado de maneira diferente. Contudo, de lá para cá, a fabricação de listas de certo e errado passaram a ter imensa profusão, principalmente para o ensino de línguas. Mas de onde vêm as palavras de um idioma? Talvez essa seja uma das perguntas que você possa se fazer ao ver uma lista de correções como o *Appendix probi*. Pois bem, essa é uma das ocupações da linguística histórica, que trabalhou com a coleta de dados em abundância – quando possível – para traçar as semelhanças e diferenças entre as formas de palavras separadas pelo tempo (e que, como no caso do latim vulgar, deram origem a outras línguas).

A essa parte da linguística histórica denominamos *etimologia*, e uma de suas constatações mais evidentes é a de que, em geral, as palavras vêm de um idioma a outro, principalmente pela forma como são faladas no dia a dia, e não por suas formas cristalizadas e usos literários (a não ser que passem de um idioma a outro pelo meio escrito, o que é menos comum).

Com base nos estudos etimológicos do século XIX (e não nos que se baseavam em especulações, ainda no século V a.C.), foi possível reconstruir radicais que aproximam ou distanciam palavras presentes nas línguas contemporâneas. Por esses métodos, é possível explicar, por exemplo, que as palavras *war* e *guerra* têm um radical germânico comum – *werra* – e que os adjetivos *beligerante* e *bélico* provêm, por sua vez, da palavra *guerra* em latim (*bellum*).

> ## Preste atenção!
>
> É preciso salientar que nem sempre é possível chegar a conclusões precisas sobre os radicais que deram origem a palavras novas. Para indicar a hipótese de um radical sem comprovação, os linguistas convencionam usar um asterisco antes desse radical. Assim, a forma **dekm* é a hipótese para a origem da palavra *dez*.

A descrição também se dá pelo viés sincrônico, ou seja, pelo detalhamento das características que a língua tem no momento presente. Para representar uma das principais concepções da perspectiva sincrônica, não podemos deixar de mencionar as teorias apresentadas pelo linguista suíço Ferdinand de Saussure, que, no início do século XX, afirmou que toda língua é comparável a um jogo de xadrez, ou seja, suas peças têm um valor no estado atual do tabuleiro, independentemente do que aconteceu nas jogadas anteriores.

Entretanto, essa concepção saussuriana já foi contestada, pois o jogo, ou seja, o sistema linguístico, é afetado quando, por exemplo, uma forma ou uma construção some em determinado período e reaparece em outro. Apesar dessa contestação, ainda voltaremos às concepções de Saussure, que são muito úteis e reveladoras para a linguística contemporânea.

Para encerrar esse primeiro bloco, elencamos algumas definições de conceitos que serão tratados no decorrer dos capítulos, mas que você já pode pesquisar para suas reflexões e estudos. São elas:

- **Morfologia** – Estudo da forma dos itens lexicais e dos processos de formação de palavras.
- **Sintaxe** – Estudo da organização das palavras em uma frase e das relações estabelecidas entre elas.
- **Semântica** – Estudo do significado das palavras e expressões, das sentenças e dos enunciados.
- **Pragmática** – Estudo dos princípios de cooperação entre falante e ouvinte no processo de comunicação.
- **Análise do discurso** – Investigação e inferência com base em indícios que permitem depreender a ideologia presente nos textos. É importante salientar que discurso pode ser toda e qualquer situação que envolva comunicação.

- **Variação linguística** – Conjunto de variações que uma mesma língua pode sofrer no mesmo território.
- **Estruturalismo** – Também conhecida como *linguística estrutural*, é uma teoria aplicada aos estudos linguísticos e antropológicos. Sua concepção está centrada em definir a língua como um sistema baseado em estruturas. Na linguística, foi criada por Saussure; na antropologia, por Claude Lévi-Strauss (1908-2009).
- **Gerativismo** – Teoria defendida por Noam Chomsky que se concentra em noções de competência e desempenho do falante, segundo a qual o falante seria capaz de gerar um número ilimitado de sentenças a partir de regras limitadas.
- **Formalismo × funcionalismo** – Por valorizar o aspecto formal da língua, a **teoria gerativa** de Chomsky foi vista como **formalista**. Já o **funcionalismo** aborda a relação entre as estruturas gramaticais e as situações de comunicação em que são empregadas.

Síntese

Neste capítulo, apresentamos o histórico da tradição linguística desde as primeiras especulações na Grécia Antiga até o século XX, quando a linguística foi reconhecida como ciência autônoma.

Para compreender melhor o campo de atuação dessa ciência, analisamos algumas concepções dos termos *língua* e *linguagem*. A partir disso, pudemos definir o primeiro, de maneira resumida, como a capacidade que os seres humanos têm para se expressar; e o segundo como um conjunto de regras e possibilidades conhecido por determinado grupo e que permite essa comunicação – de maneira oral, escrita ou por gestos.

Em seguida, desconstruímos a ideia de que a língua é um conjunto homogêneo, empregado de maneira igual em todas as situações e meios (como fala e escrita), por meio da percepção de que as características de cada emprego (fala ou escrita) podem comportar diferenças. Para isso, analisamos os conceitos de sotaque (pronúncia característica de determinado grupo de falantes), dialeto (conjunto de características linguísticas – como vocabulário e pronúncia – influenciado por fatores extralinguísticos de determinada região, como cultura) e idioleto (padrões escolhidos, consciente ou inconscientemente, por um indivíduo na língua falada, como pronúncia e vocabulário).

Para finalizar, tratamos de algumas dicotomias presentes na linguística, como os conceitos de *sincronia* e *diacronia*, e algumas áreas específicas de estudo, como a linguística geral (que busca responder as questões fundamentais dessa ciência e estabelece teorias e pressupostos para o estudo das línguas em geral) e a linguística descritiva (que se ocupa da comprovação ou refutação empírica de hipóteses da linguística geral).

Indicações culturais

O ENIGMA de Kaspar Hauser. Direção: Werner Herzog. Alemanha: Versátil Home Vídeo, 1974. 110 min.

O filme trata dos mitos sobre a aquisição e mostra o surgimento da linguagem entre os seres humanos, que sempre podem render excelentes histórias, reais ou fictícias.

ORWELL, G. 1984. São Paulo: Companhia das Letras, 2009.

Nesse romance, George Orwell apresenta um sistema distópico dominado por um Estado totalitário governado por um líder intitulado Big Brother. Nesse contexto, surgem a novilíngua e as possibilidades aplicáveis à nossa realidade contemporânea, quando, por exemplo, tratamos com eufemismos certas situações. A leitura da obra vale muito a pena pelo comparativo e pela reflexão. Orwell deve ser colocado no patamar de autores indispensáveis à formação de qualquer leitor.

TEMPO de despertar. Direção: Penny Marshall. EUA: Columbia TriStar, 1990. 121 min.

O filme expõe a curiosidade do ser humano em relação ao que pode ser desenvolvido por suas aptidões de linguagem, seja ela audiovocal ou corporal, e que podem trazer inúmeros e benéficos desdobramentos a médio e longo prazo. Essas reflexões podem, inclusive, ser emocionantes.

TESTE SEUS CONHECIMENTOS. Disponível em: <http://quizespecial.g1.globo.com/jornal-hoje/quiz-jornal-hoje/sotaques-do-brasil/index.php>. Acesso em: 12 abr. 2017.

O teste apresenta dez questões envolvendo diferentes sotaques e dialetos existentes no Brasil. Além de ser um desafio, ao final de cada resposta, o quiz explica a origem dos dialetos utilizados.

ZIMMERMAN, A. Repórter da série Sotaques do Brasil conta bastidores da viagem pelo país. G1, Jornal Hoje, 15 ago. 2014. Jornal Hoje. Disponível em: <http://g1.globo.com/jornal-hoje/noticia/2014/08/reporter-da-serie-sotaques-do-brasil-conta-bastidores-da-viagem-pelo-pais.html>. Acesso em: 12 abr. 2017.

A reportagem exibida pelo Jornal Hoje, da Rede Globo, apresenta a viagem feita por uma equipe de jornalistas para encontrar diferentes sotaques em diversos estados brasileiros. A matéria teve base na publicação Atlas linguístico do Brasil.

Atividades de autoavaliação

1. Leia o trecho a seguir, retirado do texto *Linguística e ensino da língua portuguesa como língua materna*, de Rodolfo Ilari.

   > No início dos anos 1960, a Linguística começou a ser ensinada como disciplina obrigatória nos cursos de Letras, e por esse caminho começaram a difundir-se no país alguns pontos de vista inteiramente novos sobre língua e linguagem. Pelas circunstâncias históricas daquele momento, o Brasil conheceu a assim chamada Linguística estrutural [estruturalismo], que destacava como principal tarefa, no estudo de qualquer língua, a depreensão de sua estrutura, a partir do comportamento linguístico observado.

   FONTE: Ilari, 2011.

   Com base nas informações do trecho, é possível constatar que o ensino da linguística começou, no Brasil, priorizando:
   a. a análise do discurso.
   b. a ideologia presente nos textos.
   c. a variação linguística.
   d. a morfologia e a sintaxe.

2. Leia o trecho a seguir, retirado da obra *Alice através do espelho*, de Lewis Carroll.

> É um hábito muito inconveniente dos gatinhos (Alice já tinha observado isso) responderem **sempre** com um ronrom a qualquer coisa que se diga. "Se ao menos eles fizessem rom para 'sim' e miau para 'não', ou qualquer coisa desse tipo", ela se dizia, "então já se podia continuar uma conversa. Mas **como** conversar com alguém que sempre diz a mesma coisa?"

FONTE: Carroll, 1980, p. 245, grifos do original.

A reflexão feita por Alice, assim como a descrição da dança das abelhas, permite concluir que:

a. cada espécie tem a sua linguagem: humanos têm uma e animais têm outra.
b. embora se comuniquem, não é possível afirmar que há uma linguagem animal.
c. humanos, gatos e abelhas compartilham a mesma linguagem.
d. a linguagem dos gatos e das abelhas pode ser decomposta em unidades menores.

3. Leia o trecho a seguir, retirado da obra *Problemas de linguística geral I*, de Émile Benveniste.

> Falar de instrumento é pôr em oposição o homem e a natureza. A picareta, a flecha, a roda não estão na natureza. São fabricações. A linguagem está na natureza do homem, que não a fabricou. [...] Não atingimos nunca o homem separado da linguagem e não o vemos nunca inventando-a. Não atingimos jamais o homem reduzido a si mesmo e procurando conceber a existência do outro. É um homem falando que encontramos no mundo, um homem falando com outro homem, e a linguagem ensina a própria definição do homem.

FONTE: Benviste, 2005, p. 285.

Com base nas reflexões apresentadas pelo trecho, é possível afirmar que:

a. a linguagem não pode ser dissociada do homem que a constrói constantemente.
b. a linguagem é um instrumento, assim como as ferramentas de caça ou pesca primitivas.
c. a fala é o meio pelo qual a linguagem pode ser empregada como instrumento de comunicação.
d. a linguagem e sua definição são constantemente inventadas pelo homem.

4. Leia o trecho a seguir, retirado da obra *Joysprick*, de Anthony Burgess.

> Há lugar para os dialetos regionais e para o inglês da Rainha. O lugar do sotaque regional é onde ele nasceu; é adequado ao bar da esquina, ao campo de futebol, aos bailes da cidadezinha. O inglês da Rainha é para uma emissão da BBC sobre o Existencialismo, o coquetel, a entrevista para um melhor emprego.

FONTE: Burgess, 1975, p. 16, tradução nossa.

Com base na leitura do trecho, o que é possível dizer sobre os registros de linguagem?

a. A norma-padrão deve prevalecer sobre as demais em qualquer ambiente de comunicação.

b. O valor dos diferentes registros de linguagem é igual em documentos escritos formais.

c. Os falantes precisam adaptar suas realizações de linguagem de acordo com o ambiente de comunicação.

d. Não há lugar para deslizes e transgressões da norma-padrão em uma sociedade contemporânea.

5. Leia o trecho a seguir, retirado de uma entrevista feita com Mário Perini intitulada "Sobre língua, linguagem e linguística".

> A linguística, como ciência, não tem compromisso com a educação. Já os linguistas, como cidadãos, devem ter, e geralmente têm, um grande compromisso com a educação. As principais aplicações do conhecimento linguístico se voltam para questões educacionais. Por isso, na prática, a linguística e a educação se ligam bem de perto. É mais ou menos como a relação que existe entre a física e a engenharia mecânica: a fabricação de máquinas não faz parte do objeto da física, mas conhecer física é essencial para um engenheiro mecânico.

FONTE: Perini, 2010, p. 7.

Com base nas reflexões propostas no texto, é possível entender que a relação entre linguística e educação deve-se ao fato de:

a. a linguagem ser objeto da linguística e, ao mesmo tempo, imprescindível para a atividade educacional.
b. os problemas de linguagem estarem mais voltados à área educacional do que à linguística.
c. as dúvidas relacionadas a situações de comunicação fazerem parte do escopo da linguística, mas não da educação.
d. a educação se ocupar de problemas relacionados à escrita, enquanto a linguística se restringe à fala.

Atividades de aprendizagem

Questões para reflexão

1. O texto a seguir, publicado pela revista *IstoÉ*, promove a reflexão sobre língua natural e língua artificial.

> ### Haja kbça p/ tanta 9idade
>
> [...]
> A rede Telecine, do sistema de tevê a cabo Net e Sky, estreou o Cyber Movie, em que a legenda dos filmes é escrita no idioma cibernético. [...]
> Os linguistas concordam. Para eles, a escrita cibernética é mais uma forma de comunicação. "Os jovens estão crescendo nessa linguagem funcional. Se eles usam um meio eletrônico é porque querem ser rápidos. Não vejo perigo", diz a professora Eni Orlandi, do Instituto de Estudos da Linguagem da Universidade de Campinas (Unicamp). "É um código a mais para os jovens conversarem. A língua é maleável e se constrói com as necessidades da história. Não é para mim. Olho a tela do computador das minhas filhas e não entendo nada", diz Lúcia Teixeira, linguista da Universidade Federal Fluminense. Fenômeno parecido aconteceu nos primórdios do videocassete. Bastava olhar o mostrador. Se o relógio marcasse a hora certa, era sinal de que havia jovens na casa. [...]

FONTE: Pinho, 2005.

É possível afirmar que a escrita cibernética é um tipo de língua artificial? Explique.

2. Leia o trecho a seguir, retirado do texto *Abelhas: a dança em busca de alimento*, de Andréa Oliveira.

> Foi Karl Von Frisch, um cientista alemão, quem descobriu e definiu o sistema de comunicação das abelhas utilizado para informar sobre a localização da fonte de alimento. Foram observados três tipos de dança: *dança em círculo, dança do requebrado, ou em forma de oito, e dança da foice.*

FONTE: Oliveira, 2017, grifo do original.

A comunicação entre animais, principalmente das abelhas, é frequentemente comparada à linguagem humana. Por que, de acordo com as reflexões apresentadas no capítulo e com a descrição mostrada no texto, não é possível afirmar que existe uma linguagem animal?

Atividade aplicada: prática

1. Imagine que você e sua turma estão fazendo estágio em uma escola. Vocês estão divididos em duplas e cada dupla tem a atribuição de apresentar um conteúdo em uma aula específica. As divisões foram feitas por sorteio e vocês devem apresentar, sob a perspectiva dos estudos linguísticos, uma explicação para a afirmação de que a norma-padrão não é a única variante da língua portuguesa (pode ser para a 1ª, 2ª ou 3ª série do ensino médio).

um   O que é a linguística?
dois   Os sons, a gramática e a semântica
três   Características da língua: mudança e variação
quatro   Movimentos das linguísticas moderna e contemporânea
cinco   Mente e linguagem

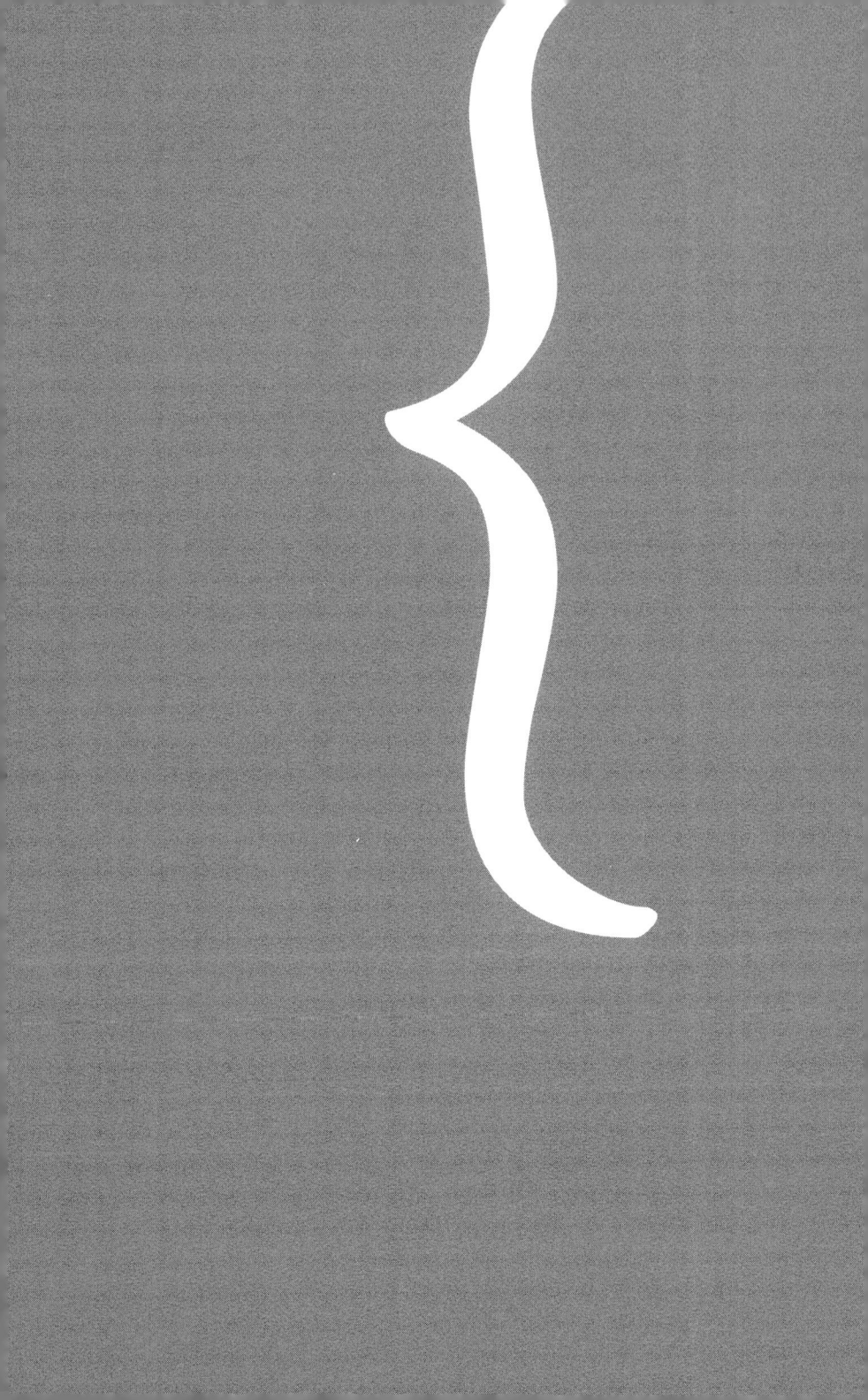

{

❰ NESTE CAPÍTULO, PARA chegarmos à ideia dos sons e da semântica, vamos trabalhar com uma concepção de gramática com a qual a maioria das pessoas não está acostumada. Traremos uma definição que não está relacionada somente à gramática tradicional, como poderíamos pensar inicialmente. É importante frisar que não pretendemos abandonar ou abominar os usos e princípios da gramática tradicional, mas sim ampliar seus conhecimentos sobre as diferentes concepções que podem ser abarcadas pelo termo *gramática*. Afinal, refletir sobre a língua que falamos ultrapassa de longe a ação de decorar conceitos.

Seja bem-vindo a mais um passo de seus estudos em linguística.

doispontoum
Fonética e fonologia

Agora que já discorremos sobre como a linguística alcançou o patamar de ciência, vamos detalhar um pouco como as línguas são estudadas, começando por uma reflexão sobre a fala.

Como vimos anteriormente, devemos considerar que o primeiro meio natural pelo qual a linguagem humana se manifesta é o som. Assim, podemos dizer que a pesquisa linguística se ocupa dos sons produzidos pelo **aparelho fonador** humano, que representam um papel importante na comunicação. Esse conjunto de sons é chamado de *meio fônico* e composto pelos sons individuais da fala. A parte da linguística que estuda o meio fônico é a **fonética**.

Já a **fonologia** é, junto com a sintaxe e a semântica, uma das segmentações para o estudo e a descrição dos sistemas linguísticos. Ela é responsável pelo estudo dos fonemas e de suas funções em uma língua. Para tanto, vale-se das descobertas da fonética, mas não trata do meio fônico.

O meio fônico, por sua vez, pode ser estudado pela fonética em ao menos três aspectos:

1. o articulatório, que investiga e classifica os sons da fala pela maneira como são produzidos;
2. o acústico, que trabalha com as propriedades físicas das ondas sonoras criadas pelo aparelho fonador; e

3. o auditivo, que se ocupa da maneira como os sons produzidos são recebidos pelo ouvido e pelo cérebro do interlocutor/ouvinte.

É importante especificarmos ainda um pouco mais esses estudos, pois o recorte da fonética que ocupa a maior parte das investigações (e tem o maior acervo de estudos) é a articulatória – a qual veremos a seguir. Entretanto, as outras duas divisões da fonética apresentam informações muito relevantes sobre o ambiente fônico. A acústica, por exemplo, demonstrou que, salvo situações em que haja intencionalidade do falante, os sons produzidos pela fala não são segmentados, além de evidenciar que a fala é composta de explosões sonoras contínuas.

Visto isso, a partir de agora vamos apresentar algumas exemplificações relacionadas aos estudos de fonética e seus desdobramentos. Uma das contribuições dos estudos da **fonética articulatória**, por exemplo, é a precisão com que se pode definir o ponto e o modo de articulação dos sons. Assim, surgem as seguintes definições, conforme indica o Quadro 2.1.

QUADRO 2.1 – DEFINIÇÕES PARA SONS VOCÁLICOS E CONSONANTAIS

Vogais	Consoantes
Aberto	Labiais
Fechado	Bilabiais

(continua)

(Quadro 2.1 – conclusão)

Vogais	Consoantes
Alto	Oclusivas
Médio	Fricativas
Baixo	Dentais

Quando falamos em **sons vocálicos**, referimo-nos, de maneira escrita, às grafias *a, e, i, o* e *u*. Na pronúncia, essas vogais também podem ser semivogais.

Quando fazemos referência às **consoantes**, podemos afirmar, para facilitar a separação em termos de grafia, que são as demais letras, não classificadas como vogais ou semivogais.

Ao estudar com mais aprofundamento a fonética e a fonologia, você terá contato com definições como pares mínimos, pares análogos, fonema, alofone, distribuição complementar e verá, por exemplo, que o **fone** é a unidade mínima estudada pela fonética e o **fonema** é a unidade mínima estudada pela fonologia. Optamos por apresentar e exemplificar apenas alguns desses conceitos neste momento da obra, a fim de que você possa se familiarizar com essas características do meio.

> **Importante!**
>
> Ao tentar produzir determinados sons e dar atenção à maneira como são produzidos, podemos perceber pequenas diferenças entre eles. Tente produzir continuamente o som de /s/ e o som de /z/, e depois tente produzir o som de /f/ e /v/. Uma das percepções evidentes é a de que /z/ e /v/ são sonoros, na descrição fonética, e /s/ e /f/ são surdos, além de serem produzidos em pontos de articulação diferentes.
>
> Outra curiosidade sobre os sons empregados na fala é a pronúncia de palavras como *tia* e *dia*. Certamente, dependendo da região do Brasil em que você vive, você reconhecerá e pronunciará essas palavras de maneiras diferentes. Leigamente, podemos descrever essa pronúncia como um som de /t/ e /d/ mais seco ou mais chiado ("tchia" e "djia").

Como a fonética descreve isso? Para entender como se dá o processo de descrição desses sons, vamos analisar duas sequências de palavras:

QUADRO 2.2 – CONHECENDO FONEMAS E ALOFONES

Dado	Prata
Dedo	Teto
Dia	Tia

(continua)

(Quadro 2.2 – conclusão)

Índio	Cortina
Poda	Apto
Dono	Até
Duas	Tudo

Ao pronunciar as palavras das duas listas, você deve ter percebido que estamos procurando algo relacionado aos sons de /d/ e /t/, mais especificamente à pronúncia desses sons em diversos ambientes. Pela comparação das pronúncias obtidas nessas listas, podemos concluir (levando em conta o sotaque curitibano) que a única variação na pronúncia de /t/ e /d/ ocorre quando esses sons aparecem antes de /i/ (pronúncia "chiada": "índjio", "cortchina" etc.). Essa constatação nos leva a classificar o som chiado como *alofone* (unidade mínima estudada pela fonética) e o som mais seco como *fonema* (unidade mínima estudada pela fonologia), além de podermos afirmar que estes estão em distribuição complementar. Esse processo também pode ser exemplificado, em português brasileiro, com as diferentes pronúncias de /l/. Observe no Quadro 2.3.

QUADRO 2.3 – COMPARANDO SONS DA LÍNGUA

Lado	Mal
Pulo	Maldade

Sempre que /l/ começa uma sílaba, ele é pronunciado com a aproximação da língua dos dentes superiores. Já quando está em final de sílaba, é pronunciado como a vogal /u/. Nesse caso, também é o contexto quem define a produção de um ou outro som.

Outro aspecto interessante para perceber na língua que falamos é a quantidade de pronúncias de /r/. Você pode perceber que pronunciamos o /r/ de maneiras bastante diversas, e não só pela localização dele nas palavras, mas também pela região do país em que vivemos ou pela faixa etária a que pertencemos, o que nos permite afirmar que a pronúncia de /r/ é um exemplo de variação livre.

> ### Preste atenção!
>
> A **variação livre** pode ser relacionada ao conceito de idioleto, apresentado no Capítulo 1. Trata-se de uma marca de variação estilística, de escolha do falante por um tipo de pronúncia ou outro.

As subdivisões e integrações mais específicas relacionadas à fonética, bem como as implicações mais complexas com a fonologia, não são o foco desta obra. No momento, nossa abordagem será direcionada para as relações entre a fonética e a ortografia da língua.

doispontodois
Representações fonética e ortográfica

Conforme informamos na explicação sobre as ramificações da fonética, o aspecto articulatório foi o que primeiro ganhou destaque – pela produtividade de estudos e divulgação. Assim, é com base nele e nas constatações a respeito dos estudos a ele relacionados que, no século XIX, surgiu a necessidade de se organizar um sistema, uma padronização internacional para a transcrição fonética. Surgiu, então, promulgado pela Associação Internacional de Fonética, o **alfabeto fonético internacional** ou **IPA** (*International Phonetic Alphabet*), que estabelece uma letra com ou sem sinalizações (diacríticos*) para cada som produzido pelo aparelho fonador.

Podemos observar exemplos de transcrição fonética quando consultamos dicionários, pois neles encontramos, geralmente ao lado dos verbetes, a transcrição fonética dos sons que compõem a palavra e indicam a sua pronúncia. Esse é um recurso muito consultado em dicionários em língua estrangeira, pois, quando estamos aprendendo uma nova língua, temos dúvidas em relação à pronúncia das palavras.

---

* São os sinais gráficos de acentuação (acentos aberto e circunflexo, til e crase) e a cedilha.

> **Importante!**
>
> Quais são as contribuições de se ter uma transcrição de sons internacionalmente sistematizada? As principais e mais visíveis contribuições estão no fato de qualquer pesquisador poder identificar claramente a descrição de um som sem sequer conhecer a língua em que esse som é realizado; e, para aprendizes de língua estrangeira, pela percepção da descrição das diferentes pronúncias que as mesmas letras podem assumir em contextos diversos.

Entretanto, como se faz uma transcrição fonética? No Quadro 2.3, você pode conferir as orientações dadas pelo IPA para a realização dessa atividade.

Quadro 2.4 – Alfabeto fonético internacional

Consoantes (mecanismo de corrente de ar pulmonar)

	bilabial	labiodental	dental	alveolar	pós-alveolar	retroflexa	palatal	velar	uvular	faringal	glotal
Oclusiva	p b			t d		ʈ ɖ	c ɟ	k ɡ	q ɢ		ʔ
Nasal	m	ɱ		n		ɳ	ɲ	ŋ	ɴ		
Vibrante	ʙ			r					ʀ		
Tepe (ou flepe)				ɾ		ɽ					
Fricativa	ɸ β	f v	θ ð	s z	ʃ ʒ	ʂ ʐ	ç ʝ	x ɣ	χ ʁ	ħ ʕ	h ɦ
Fricativa lateral				ɬ ɮ							
Aproximante		ʋ		ɹ		ɻ	j	ɰ			
Aproximante lateral				l		ɭ	ʎ	ʟ			

Em pares de símbolos tem-se que o símbolo da direita representa uma consoante vozeada. Acredita-se serem impossíveis as articulações nas áreas sombreadas.

Consoantes (mecanismo de corrente de ar não pulmonar)

Cliques		Implosivas vozeantes		Ejectivas	
ʘ	bilabial	ɓ	bilabial	ʼ	como em
ǀ	dental	ɗ	dental/alveolar	pʼ	bilabial
ǃ	pós-alveolar	ʄ	palatal	tʼ	dental/alveolar
ǂ	palato-alveolar	ɠ	velar	kʼ	velar
ǁ	lateral alveolar	ʛ	uvular	sʼ	fricativa alveolar

Suprassegmentos

ˈ	acento primário	ˌkavaˈlejru
ˌ	acento secundário	
ː	longa	eː
ˑ	semilonga	eˑ
˘	muito breve	ĕ
.	divisão silábica	ɹi.ækt
|	grupo acentual menor	
‖	grupo entonativo principal	
‿	ligação (ausência de divisão)	

Tons e acentos nas palavras

Nível		Contorno	
ȅ ou ˥	muito alta	ê ou ˩˥	ascendente
é ˦	alta	ê ˥˩	descendente
ē ˧	média	ê ˦˥	alto ascendente
è ˨	baixa	ê ˩˨	baixo ascendente
ȅ ˩	muito baixa	ê ˩˥˩	ascendente-descendente etc.
↓	downstep (quebra brusca)	↗	ascendência global
↑	upstep (subida brusca)	↘	descendência global

(continua)

(Quadro 2.4 – conclusão)

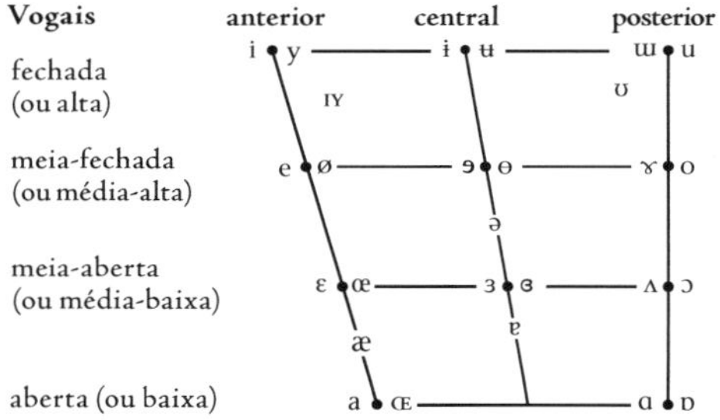

Vogais	anterior	central	posterior
fechada (ou alta)	i y	ɨ ʉ	ɯ u
meia-fechada (ou média-alta)	e ø	ɘ ɵ	ɤ o
meia-aberta (ou média-baixa)	ɛ œ	ɜ ɞ	ʌ ɔ
aberta (ou baixa)	a ɶ		ɑ ɒ

Quando os símbolos aparecem em pares aquele da direita representa uma vogal arredondada.

Outros símbolos

ʍ	fricativa labiovelar desvozeada	ɕ ʑ	fricativas vozeadas alvéolo-palatais
w	aproximadamente labiovelar vozeada	ɺ	flepe alveolar lateral
ɥ	aproximadamente labiopalatal vozeada	ɧ	articulação simultânea de ʃ e x
ʜ	fricativa epiglotal desvozeada		Para representar consoantes africadas e uma articulação dupla utiliza-se um elo ligando os dois símbolos em questão.
ʢ	fricativa epiglotal vozeada		
ʡ	oclusiva epiglotal	k͡p t͡s	

Diacríticos

̥	desvozeado	n̥ d̥	̤	vozeado sussurrado	b̤ a̤	̪	dental	t̪ d̪
̬	vozeada	s̬ t̬	̰	vozeado tremulante	b̰ a̰	̺	apical	t̺ d̺
ʰ	aspirada	tʰ dʰ	̼	linguolabial	t̼ d̼	̻	laminal	t̻ d̻
̹	mais arredondado	ɔ̹	ʷ	labializado	tʷ dʷ	̃	nasalizado	ẽ
̜	menos arredondado	ɔ̜	ʲ	palatalizado	tʲ dʲ	ⁿ	soltura nasal	dⁿ
̟	avançado	u̟	ˠ	velarizado	tˠ dˠ	ˡ	soltura lateral	dˡ
̠	retraído	e̠	ˤ	faringalizado	tˤ dˤ	̚	soltura não audível	d̚
̈	centralizada	ë	̴	velarizada ou faringalizada	ɫ			
̽	centralizada média	ё	̝	levantada	e̝ (ɹ̝ = fricativa bilabial vozeada)			
̩	silábica	n̩	̞	abaixada	e̞ (β̞ = aproximante alveolar vozeada)			
̯	não silábica	e̯	̘	raiz da língua avançada	e̘			
˞	roticização	ɚ ɝ	̙	raiz da língua retraída	e̙			

Pode-se colocar um diacrítico acima de símbolos cuja representação seja prolongada na parte inferior, por exemplo ŋ̊.

FONTE: Fiorin, 2005, p. 27.

Todos os sons produzidos em línguas conhecidas no mundo estão catalogados nesse documento. Para tornar isso ainda mais claro, vamos observar alguns exemplos das relações entre fala e escrita? Comecemos pelos vocábulos *medo* e *menino*.

> **medo**
>
> (*me*.do) [ê]
>
> sm.
>
> 1. Sentimento inquietante que se tem diante de perigo ou ameaça; FOBIA; PAVOR; TERROR: *Ele tem medo de tempestades.*
> 2. Ansiedade diante de uma sensação desagradável, da possibilidade de fracasso etc.; RECEIO; TEMOR: *Tinha medo de ser abandonada pelo marido.* [Antôn.: calma, despreocupação.]

FONTE: Aulete Digital, 2017a, grifos do original.

O **ponto** demarca a divisão silábica, e a sílaba em **itálico** é a tônica. Considerando que em língua portuguesa é possível que o e seja aberto ou fechado, ele aparece, ao lado da palavra, entre colchetes, com um acento circunflexo indicando que sua pronúncia, nesta palavra, é fechada.

> **menino**
>
> (me.***ni***.no)
>
> sm.
>
> 1. Bebê do sexo masculino: *O casal teve um* <u>menino</u>
> 2. Criança ou adolescente do sexo masculino; GAROTO; GURI
> 3. Homem jovem; MOÇO
> 4. Forma familiar de tratar um amigo ou parente (criança ou jovem) [...]

FONTE: Aulete Digital, 2017b, grifos do original.

Observe que a sílaba *me*, apresentada neste exemplo, é diferente daquela que aparece em *medo*. No caso de menino, ela pode ser pronunciada quase como *mi*, o que localizaria a pronúncia dessa vogal como o /ɪ/. A mesma situação acontece com o som "o" no final na sílaba *no*. Ele é pronunciado, em geral, como um som que fica entre /o/ e /u/, ou seja, um /ʊ/.

Preste atenção!

Você pode buscar, em dicionários impressos ou virtuais, outros exemplos para exercitar a localização dos sons produzidos na pronúncia das palavras no IPA. Esse exercício também pode ajudar você a perceber como falamos a mesma grafia de maneiras bastante diversas. Por exemplo: imagine um carioca pronunciando a palavra *carro*, e depois um falante do interior do Rio Grande do Sul pronunciando a mesma palavra. Certamente o som de "r" pronunciado por esses dois falantes será bem diferente.

É neste momento que podemos tratar de elementos importantes, como **homofonia, homografia e homonímia**. Para entender melhor esses processos, é importante observarmos a transparência dessas três palavras em seus processos de formação. O prefixo grego *homo* significa *igual*, enquanto os sufixos *fonia* e *grafia* significam, respectivamente, *som* e *escrita*. Já a *homonímia* tem a característica de agregar pronúncia e grafia iguais.

Vamos exemplificar: as palavras *seção* (departamento) e *sessão* (evento, reunião) são homófonas, ou seja, apresentam os mesmos sons, mas são grafadas de maneira diferente; as palavras *dúvida* (substantivo) e *duvida* (3ª pessoa do singular do presente do indicativo), por outro lado, são homógrafas, ou seja, apresentam a mesma grafia, mas têm acentuação e pronúncia diferentes; já as palavras *são* (sadio), *são* (3ª pessoa do plural do presente do indicativo) e *são* (santo) são homônimas, ou seja, além de serem grafadas da mesma maneira, apresentam os mesmos sons.

Dado o que vimos até aqui, prosseguiremos nossos estudos com a abordagem de alguns conceitos relacionados à estruturação do sistema linguístico.

doispontotrês
Gramaticalidade, produtividade e arbitrariedade

Até este momento, mencionamos de maneira bastante geral a aplicação do termo *gramática*, principalmente para que você saiba que a aplicação e o entendimento desse termo vão muito além do que se conhece como *gramática prescritiva* ou *gramática tradicional*, que são as expressões mais popularizadas sobre o assunto. A partir deste momento, queremos convidar você a fazer uma reflexão mais profunda sobre a gramática e o significado de *gramaticalidade*.

O leque de definições que o termo *gramática* encerra passa pelo sistema de regras, unidades e estruturas que o falante tem em sua memória para usar sua língua e pela descrição que um linguista pode fazer do sistema de uma língua. Essa expressão sintetiza, ainda, o conjunto de regras prescritas para o uso considerado padrão de uma língua em suas realizações oral e escrita. No entanto, qualquer que seja a definição de gramática empregada, podemos perguntar: O que é gramaticalidade?

Gramaticalidade são as estruturas sintáticas possíveis dentro de uma língua (não somente as definidas pelas gramáticas como "corretas", mas todas as que respeitam os empregos estruturais propostos pelo sistema linguístico de determinada língua).

Para exemplificar essa situação, vamos empregar duas sentenças:

> a. Amanhã à noite eles farão um jantar.
> b. Eles farão um jantar amanhã à noite.

E como podemos definir o que é uma sentença? De maneira geral, podemos pensar em sentença como uma cadeia, um conjunto de formas vocabulares organizadas em uma estrutura sintática. Considerando essa definição, podemos afirmar que (a) e (b) expressam a mesma coisa (são versões uma da outra) e que ambas são gramaticais. Quais e como seriam as sentenças **agramaticais**, então? Vamos tomar a língua portuguesa como exemplo.

> *O mulher furioso bateu cabeça a.

Como podemos ver, a marca das sentenças agramaticais é a presença de um asterisco antes delas. Do ponto de vista da compreensão da mensagem, um falante de língua portuguesa consegue inferir a mensagem que a sentença traz (embora ela cause estranhamento), o que revela a não interdependência entre gramaticalidade e significação. Entretanto, esse mesmo falante percebe que um artigo masculino não pode anteceder um substantivo feminino, um adjetivo masculino não pode concordar com um substantivo feminino e que o artigo – seja feminino, seja masculino – não pode vir isolado ao final da sentença.

Importante!

A gramática, em sua acepção mais tradicional, apresentou certa abordagem da gramaticalidade, mas ela é apenas parcial. Não podemos nos esquecer de que a gramática, como a conhecemos no Ocidente, tem origem nas definições e aplicações de gramática desenvolvidas entre os gregos e latinos.

Essa informação é muito importante porque explica a preferência pelos estudos de flexão. E qual seria essa explicação? O fato de os estudos gramaticais como conhecemos hoje terem se originado entre os gregos antigos e prosseguido entre os romanos oferece maior ênfase aos estudos de flexão porque tanto o grego antigo quanto o latim eram **línguas flexionais**. Em outras palavras, eram idiomas que lidavam com línguas de caso, em que pouco importa a posição das palavras em uma frase, pois é a terminação (flexão) que elas apresentam que as caracteriza como sujeito, verbo ou objeto, por exemplo. É uma situação bem diferente daquela que percebemos nas sentenças analisadas.

Podemos considerar esses mesmos exemplos para refletir sobre a arbitrariedade e a produtividade de uma língua. A **arbitrariedade**, como a própria palavra sugere, é o que nos faz questionar como sabemos que a classe gramatical dos artigos, por exemplo, vem sempre antes de substantivos ou palavras substantivadas. Já a **produtividade** pode ser relacionada à capacidade que a criança tem, em seu processo de aquisição da linguagem, de selecionar quais sentenças são gramaticais ou agramaticais, pelos princípios arbitrários que ela consegue identificar no conjunto de sentenças reproduzidas pelos outros falantes a sua volta.

O primeiro teórico a considerar com cuidado, ainda nos anos 1950, o domínio que a criança tem sobre os princípios gramaticais, foi **Noam Chomsky** (1928-). Ele também desenvolveu a teoria mais elaborada sobre sintaxe e a integrou à fonologia e à semântica, concebendo uma relação global da estrutura da linguagem. Vamos nos deter um pouco mais no trabalho do linguista americano no próximo item, no qual refletiremos sobre a gramática gerativa.

Antes de chegar a essa reflexão, vamos nos deter um pouco mais em alguns aspectos relacionados a partes do discurso, classes formais e teorias gramaticais. Já admitimos, neste capítulo, que os estudos gramaticais tendem a privilegiar as abordagens relacionadas a aspectos de flexão das línguas, justamente por terem sido descritos a partir de línguas com essas características. Isso trouxe a essas definições, quando empregadas nas línguas contemporâneas, como o português, alguns obstáculos e adaptações que nem sempre podem ser entendidos de maneira simples pelo falante contemporâneo.

Há muitos exemplos que causam estranhamento quando se deseja contemplá-los sob a nomenclatura gramatical, seja do ponto de vista da gramática tradicional, seja sob a ótica da teoria gramatical moderna. Vamos observar um exemplo bem simples: se há uma separação bem evidente entre verbos e nomes, o que gera sintagmas nominais e verbais bem distintos, como explicar que haja "formas nominais" dos verbos? Ao observarmos a forma nominal *particípio*, cuja nomenclatura já antecipa a ação de "participar", podemos perceber que ela pertence/participa do conjunto dos verbos e dos nomes ao mesmo tempo. Quando consideramos as formas de particípio por suas flexões, elas se comportam como verbos; quando consideramos seu emprego, comportam-se como adjetivos. Vamos a um exemplo:

> Tenho sapatos **guardados** em minha casa.

Embora as formas terminadas em *-ado* e *-ido* pertencessem, no latim, ao particípio passado, em português elas sobreviveram apenas como particípios.

Uma situação semelhante acontece com os adjetivos, em português, terminados em *-nte*. Por exemplo: pedinte, ouvinte, dançante, indigente, governante. Essas formas pertenciam, em latim, ao que se denominava como *particípio presente*, mas sobreviveram em português como adjetivos. Observe:

> Levamos a melhor programação aos **ouvintes** da nossa rádio.

Ainda que a forma da palavra seja de adjetivo e ela se flexione assim, temos aí a transparência da realização de uma ação, característica primordial dos verbos. Ouvintes: aqueles que estão ouvindo.

Poderíamos elencar mais uma série de exemplos que comprovam as adaptações feitas das gramáticas gregas e latinas como descritoras de uma língua que tem outras características, a exemplo do português, mas essas já são suficientes para evidenciarmos o fato e refletirmos a respeito.

Agora, podemos discutir um pouco mais a respeito de outros conceitos e ambições gramaticais. Alguns conceitos a que vamos nos referir aqui podem ser mais conhecidos do que outros e também mais aplicados pelos estudos linguísticos em relação a outros, mas todos eles aparecem, em alguma medida, nas especificações de gramaticalidade que as gramáticas fazem de uma língua. É muito comum aparecerem, em materiais de estudos linguísticos, as expressões *sintagma nominal* e *sintagma verbal*. Podemos dizer que sintagma é um conjunto menor ou um segmento menor que faz parte de uma sentença. Em sua origem grega, a palavra *sintagma* significava algo como "colocar em ordem", motivo pelo qual é relacionada à sintaxe (que será abordada mais adiante).

A gramática tradicional atribuiu grande importância às relações de dependência entre os sintagmas. Isso se verifica, por exemplo, nas relações de regência verbal e regência nominal, em que, hierarquicamente, há um segmento no comando em relação aos outros a sua volta. Outra definição que aparece de vez em quando em alguns estudos é a de *valência*, emprestada da química, que substitui as noções de sujeito e predicado ou de sujeito e objeto. A valência acaba por apresentar uma relação mais ampla entre os constituintes de uma sentença (sintagmas).

doispontoquatro
A gramática gerativa

Desde a segunda metade do século XX, não é possível apresentar ou discutir conceitos de gramática que não levem em consideração as teorias de Noam Chomsky sobre gramática gerativa.

De maneira geral, podemos entender a **gramática gerativa** como um conjunto de regras que definem diversos tipos de sistemas linguísticos. Detalhando um pouco, podemos caracterizá-la como um conjunto de regras que operam sobre um vocabulário finito, gerando um conjunto de sintagmas – que pode ser finito ou infinito. Esses sintagmas, por sua vez, serão compostos por um número finito de unidades e serão bem formados quando puderem ser caracterizados pela gramática.

> ## Preste atenção!
>
> É preciso entender o termo *gerativa* aqui empregado com a mesma significação que ele tem na matemática: originar conjuntos compostos por sintagmas bem formados, denominados *linguagens formais*, a partir de uma estrutura bem determinada pela gramática. A concepção desse modelo e de suas implicações requer abstração e idealização.

Com tantas possibilidades de leitura a respeito dos conceitos da gramática gerativa, podemos constatar que ela permite a existência de muitas gramáticas gerativas. Nosso recorte, no entanto, está voltado a apenas alguns modelos de gramática gerativa que possam abordar e descrever as línguas naturais.

O próprio Chomsky demonstra que os diferentes tipos de gramáticas gerativas podem ser mais ou menos fortes e adequados para descrever as línguas naturais, e indica a gramática transformacional como a mais forte. Em resumo, Chomsky procurou, desde o princípio de seus estudos, uma gramática transformacional que considerasse duas características: a **recursividade**, ou seja, a maneira de se referir de diferentes formas a estruturas diversas dentro de uma sentença; e a **estrutura de constituintes**, capaz de provar que podemos produzir estruturas sintaticamente corretas, mas semanticamente absurdas.*

Como neste momento estamos conhecendo os caminhos da pesquisa linguística e as teorias e aplicações dessa ciência, não discutiremos os detalhes sobre diferentes gramáticas gerativas e transformacionais, nem as características que fazem com que ambas sejam empregadas como sinônimos em muitos casos. Nossa intenção aqui é a de apresentar esses estudos e promover, mais uma vez, a reflexão sobre características mais ou menos abstratas nos diferentes modelos de descrição das línguas.

doispontocinco
Sentença e enunciado**

Com base em estudos visualizados pela linguística e por outras áreas correlatas, podemos encontrar explicações ou solicitações em relação a sentenças e enunciados. Além disso, podemos encontrar essas duas expressões como sinônimos. Algumas correntes de estudos linguísticos, no entanto, abordarão a semântica de maneira bastante específica: afirmarão que o significado das

---

* Uma teoria forte é aquela que consegue sintetizar e descrever o maior número de casos possível, ou seja, é aquela que apresenta o menor número de exceções à regra.

** Os estudos relacionados a significados e intencionalidade contidos nas sentenças são próprios do ramo da análise do discurso e da pragmática. No entanto, pela maneira como a gramática gerativa retrata a produtividade das sentenças, vamos fazer uma reflexão introdutória a respeito do tema, observando um pouco as características do significado e das intenções veiculadas a elas.

sentenças é parte dos estudos da semântica, mas o estudo do significado dos enunciados é de responsabilidade da pragmática.

As diferenciações apresentadas para sentença e enunciado são confirmadas pela afirmação de que, de maneira geral, as sentenças são entidades abstratas, independentes do contexto, ao contrário dos enunciados, que dependeriam das contingências associadas aos contextos para serem interpretados. Entretanto, no uso cotidiano, fazemos muitas ampliações ou especializações de significado para esses dois conceitos. Possivelmente, ao ser perguntado sobre os contextos em que você emprega a palavra *enunciado*, você lembraria de provas e avaliações. Se fosse perguntado sobre o emprego das sentenças, é possível que você associasse esse conceito a frases de maneira mais ampla.

Além disso, é importante refletir sobre o fato de não importar a palavra empregada para definir o que é empregado, por exemplo, por um falante nativo de uma língua. Ele simplesmente não tem acesso a sentenças ou enunciados fora de contexto. Todas as construções feitas por ele se apresentam com base em um contexto. Há exemplos bastante recorrentes para pensarmos, por exemplo, em sentenças que sempre terão um valor independente do contexto, mas que dependem dele para que haja alguma ação a partir delas. Por exemplo:

> c. Ligue o ar condicionado, por favor.
> d. Está muito calor aqui.

Quando um falante profere a afirmação (d), espera, indiretamente, que naquele ambiente alguém providencie um alívio para o calor. Quando ele profere a afirmação (c), faz menção direta ao que ele deseja para aliviar o calor.

Outra possibilidade bem conhecida são famosas perguntas com intenções implícitas, construídas a partir de estruturas como:

> e. Você sabe que horas são?
> f. Você sabe somar dois mais dois?

A partir desses exemplos, é possível perceber que há uma relação muito estreita entre o significado de uma sentença e seu uso característico em enunciados, pois sentenças como as empregadas em (e) e (f), embora, literalmente, possam ser respondidas com um monossílabo (sim ou não), são dotadas de uma expectativa de contexto, ou seja, de que o interlocutor responda que horas são e qual o resultado da soma de dois mais dois. Isso permite constatar que um falante poderia utilizar de maneira distinta expressões ou sentenças em qualquer ocasião, fazendo referência a algo diverso do que as palavras empregadas significam literalmente. Além disso, para que essa nova atribuição de significado tenha efeito, é necessário que haja um compartilhamento de entendimento de enunciados por parte dos falantes envolvidos no processo de comunicação em questão.

Isso fica bastante evidente no uso de expressões como *aqui*, *agora*, *este* e *aquele*, que são empregadas para caracterizar o momento e a localização do enunciado. São **expressões dêiticas** que servem, como evidencia a etimologia da palavra *dêixis*, para apontar e localizar.

A partir da abordagem sobre o significado de sentença e enunciado, as perguntas sobre significação podem aparecer com mais frequência e de maneira mais ampla. Nesse ponto, é importante recortar os tipos de pergunta que a linguística é capaz de responder. Perguntar, por exemplo, "O que é significado?" seria fazer um questionamento retórico, ao qual vários filósofos tentam responder há séculos. Entretanto, questionamentos como "O que define o significado?" ou "Em que medida o significado faz parte dos estudos da linguagem?" são perguntas mais concretas e passíveis de respostas do que "O que é significado?".

> **Importante!**
>
> Os significados dependem de uma série de outros elementos, como o contexto em que ocorrem e a etimologia. Possivelmente, quando abordamos o significado, você se lembrou de palavras e expressões que podem substituir umas às outras ou que são contrárias. Entretanto, as abordagens de significados vão além das ideias de sinônimos e antônimos.

Se a semântica é a parte dos estudos linguísticos dedicada aos significados e às suas interpretações, sua abrangência se expande além dos sinônimos e antônimos, sendo importante também contemplar, entre outras, as definições de homonímia e polissemia.

Imagine uma situação em que alguém, após trabalhar muito durante um longo período da vida, requer a aposentadoria e diz aos amigos: "Agora terei um descanso merecido!". É possível observar, pela estrutura sintática e pelos elementos morfológicos apresentados, que a palavra *descanso* pertence à classe dos substantivos. De maneira bem simples, podemos comprovar isso pelo artigo indefinido *um*, que antecede *descanso*. Podemos comparar a esse exemplo outra situação, na qual um amigo relata aos demais: "Todos os dias, descanso um pouco depois do almoço". Nesse caso, é possível perceber que a palavra *descanso* pertence à classe dos verbos e está conjugada na 1ª pessoa do singular (eu) do presente do indicativo. E a qual definição essa situação pertence? Homonímia? Sinonímia? Polissemia?

Se você observou que as duas palavras são escritas e pronunciadas da mesma maneira, como ocorre no caso apresentado, então chegou à conclusão de uma **homonímia perfeita**, ou seja, as duas palavras são homófonas e homógrafas. Lembre-se: homo (igual), fonia (som) e grafia (escrita).

Vimos anteriormente que as palavras escritas da mesma forma, mas pronunciadas de maneira diferente, são definidas como **homógrafas**, como em "*Gosto* muito de você" ou "O *gosto* dessa sobremesa é ótimo"; e que palavras pronunciadas de maneira igual, mas que apresentam escrita diferente, são definidas como **homófonas**, como em "A *sessão* de cinema foi muito divertida" e "A *seção* de eletrodomésticos da loja ficou bem organizada".

E a **polissemia**, como entra nessas reflexões? Como o termo sugere – *poli* (vários) e *semia* (significados) –, esse fenômeno refere-se à existência de palavras com vários significados possíveis. É o caso das ocorrências da palavra *mão* nas sentenças a seguir: "Minha *mão* está gelada" e "Ele abriu *mão* da herança".

São bastante mencionadas como exemplos também as ocorrências do substantivo *manga*, que pode se referir à fruta ou à parte de uma vestimenta.

A essa altura da reflexão sobre homonímia e polissemia, você pode se perguntar qual é a diferença entre elas, já que os homônimos perfeitos também poderiam ser descritos como polissêmicos. Nesse caso, a orientação é sempre seguir as informações etimológicas para tirar a dúvida. Essa dúvida está inclusive no trabalho constante dos lexicólogos, que chegaram a propor descrições apenas de homonímia, desconsiderando a polissemia, a fim de que se evitassem as discordâncias. No entanto, essa possibilidade não resolveria os complexos e diários problemas que as mudanças do vocabulário das línguas geram.

Considerando, ainda, elementos relacionados à significação das palavras, é possível constatar que uma palavra ou vocábulo estabelece diferentes tipos de relação, seja com outras palavras ou vocábulos, seja com o mundo. Essas relações podem ser sintetizadas pelas definições e aplicações de denotação e conotação que encontramos em estudos da linguagem.

Para simplificar essas relações, é possível considerar que, quando preservado o significado original de uma palavra, o etimológico, ela se encontra em sentido **denotativo**. Quando a palavra ou expressão assume diferentes significados, gerados pelos diferentes contextos em que é empregada, ela se torna **conotativa**. Para observar isso com maior propriedade, é possível verificar como os significados das palavras são apresentados em um dicionário. Eles sempre são colocados em uma ordem que segue do sentido mais denotativo ao mais conotativo. No entanto, justamente porque o vocabulário das línguas está em constante movimento, muitas vezes, as novas significações não são necessariamente conotativas, mas podem ter um significado original que ressurge no presente.

Síntese

Neste capítulo, abordamos um pouco da fonologia, que é a área que estuda os fonemas; da fonética, que é a área que estuda os meios fônicos e serve de embasamento aos estudos fonológicos; e da transcrição fonética, que é o método pelo qual são transcritos os sons de uma língua.

Em relação aos estudos gramaticais, tratamos brevemente da gramática gerativa de Chomsky, que pode ser definida e empregada de diferentes maneiras. O recorte de emprego linguístico que analisamos, em especial, foi o voltado à abordagem e descrição das línguas naturais, cuja concepção considera a recursividade (maneira de se referir, de diferentes formas, a estruturas diversas dentro de uma sentença) e a estrutura de constituintes (capaz de provar que podemos produzir estruturas sintaticamente corretas, mas semanticamente absurdas).

Dentro da gramática gerativa, exploramos um pouco a gramática transformacional, que é a "teoria forte" apresentada por Chomsky sobre a descrição do processo criativo da linguagem e dos processos de transformação pelos quais o sintagma (parte da sentença) pode passar.

Por fim, aprofundamos um pouco os conhecimentos sobre semântica, que é o estudo dos significados das palavras, sentenças, expressões etc. Assim, analisamos conceitos como sinonímia (palavras e expressões que podem substituir umas às outras, dependendo do contexto em que ocorrem, mantendo-se o significado do todo), antonímia (palavras ou expressões contrárias, como bom/ruim), polissemia (palavras que apresentam diversos significados) e homonímia (palavras pronunciadas e escritas da mesma maneira, mas com significados diferentes).

Indicações culturais

POSSENTI, S. Ai, meu trema! **Ciência Hoje**, 24 jul. 2015. Palavreado. Disponível em: <http://www.cienciahoje.org.br/noticia/v/ler/id/3094/n/ai,_meu_trema!>. Acesso em: 4 maio 2017.

Em sua coluna, o autor Sírio Possenti fala sobre o acordo ortográfico e sobre os comentários do então ministro da cultura sobre o tema.

SEARA, I. C.; NUNES, V. G.; LAZZAROTTO-VOLCÃO, C. **Fonética e fonologia do português brasileiro**. São Paulo: Contexto, 2015. (Coleção para Conhecer).

Este livro apresenta o mundo da fonética e da fonologia. Como se trata de uma obra produzida por professoras que atuam diretamente na área abordada, o livro apresenta a fonética e a fonologia com exemplos retirados de situações bem didáticas e reais em língua portuguesa – uma vantagem em relação aos manuais de fonética e fonologia traduzidos, cujos exemplos, por vezes, não são reconhecidos pelos estudantes. O que está em questão ao longo do livro é a intenção de fazer com que o estudante compreenda os fenômenos articulatórios do português brasileiro e de seu sistema fonológico.

SILVA, R. V. M. e. Tradição gramatical e gramática tradicional. São Paulo: Contexto, 1989.

Conceitos como sintaxe, sentença, relações funcionais e combinação de classes de palavras são elementos-chave na abordagem feita pela autora nesta obra. O livro leva o leitor à reflexão acerca de conceitos sobre estudos da linguagem que podem ter sido compreendidos até então apenas superficialmente. Ao considerar que a gramática tradicional é o reforço da percepção do "dialeto das elites", a autora leva o leitor pelo caminho histórico em que essa ação se dá, passando pelas obras da Antiguidade e da Idade Média, pelas primeiras gramáticas do português e pela Nova Gramática do Português Contemporâneo, de Celso Cunha e Lindley Cintra.

Atividades de autoavaliação

1. Leia o trecho a seguir, retirado do conto *A menina de lá*, de Guimarães Rosa.

   > Veio a seca, maior, até o brejo ameaçava de se estorricar.
   > Experimentaram pedir a Nhinhinha: que quisesse a chuva.
   > — "Mas, não pode, ué..." [...].

   FONTE: Guimarães Rosa, 2001, p. 70, grifo do original.

   A transposição da linguagem oral para a escrita segue alguns critérios. Considerando a fala de Nhinhinha: "Mas, não pode, ué...", apresentada por escrito, é correta a análise apresentada em:
   a. Cada letra escrita representa uma palavra pronunciada.
   b. A relação entre sons e grafias é única, ou seja, cada som tem uma grafia.

c. As letras escritas em maiúscula são pronunciadas com mais força.

d. A entonação da fala é representada pela pontuação.

2. Leia o texto a seguir.

> A língua é vista como um código, ou seja, como um conjunto de signos que se combinam segundo regras, e que é capaz de transmitir uma mensagem, informações de um emissor a um receptor. Esse código deve, portanto, ser dominado pelos falantes para que a comunicação possa ser efetivada. Como o uso do código que é a língua é um ato social, envolvendo consequentemente pelo menos duas pessoas, é necessário que o código seja utilizado de maneira semelhante, preestabelecida, convencionada para que a comunicação aconteça.

FONTE: Travaglia, 2009, p. 22.

De acordo com o texto, para que o processo de comunicação seja realizado com sucesso, é necessário que:

a. o emissor e o receptor tenham concepções iguais de linguagem.

b. o receptor tenha mais conhecimento linguístico do que o emissor.

c. os falantes de uma língua tenham o mesmo nível de alfabetização.

d. o emissor e o receptor participem do mesmo contexto de realização do processo.

3. Leia o texto a seguir.

> Presta bastante atenção que é prá senhora tentá entender os ensinamento certo... então não é só jogá a rede na água, tem que saber o que tá fazendo, tem que acompanhá os ciclo da natureza, é assim que funciona na plantação e assim que funciona também na pesca... têm Lua, têm maré, têm o vento e têm também a sorte, eu vou explicá tudinho pra senhora e quem sabe a senhora aprende... se não aprender tudo não faz mal é assim mesmo, mas pelo menos a senhora pode depois dizer por aí que pescador também é professor, não é?
>
> [...]
>
> Nóis aqui usa a sabedoria como ferramenta pra achá o cardume, nóis não tem o equipamento que tem nos barco de pesca esse tal de sonar que eles falam aí, aqui vai na raça mesmo, de primeiro a gente olha bem pra modo de aprende depois a gente vai acompanhando o mestre de rede, a gente sempre fez assim! (seu Benedito, Vila Nova, 2003).

FONTE: Saldanha, 2005, p. 105-106.

Agora, assinale a única alternativa que apresenta uma ocorrência que não encontra respaldo na realização de fala do pescador:
a. A troca das formas do verbo *haver* por formas do verbo *ter*.
b. O apagamento de *r* em final de verbos no infinitivo.
c. O apagamento de vogais fracas, como o *i*.
d. A marca de plural apenas no artigo que acompanha o substantivo.

4. Leia a piada a seguir.

> Compadre 1 — Firme, compadre?
> Compadre 2 — Não, futebor!

Na piada, a quebra de expectativa contribui para produzir o efeito de humor. Esse efeito ocorre porque um dos personagens:
a. reconhece a espécie de programa televisivo.
b. tem dúvida sobre a pronúncia do nome do programa.
c. confunde o conteúdo linguístico da pergunta.
d. constata o fato de estar passando uma atração na televisão.

5. Nas línguas naturais, ocorrem sentenças como:
I. Por quanto tempo João morou no Egito?
II. Conserte a lâmpada do escritório, por favor.
III. Que casa suja!

De acordo com as informações do capítulo, um falante nativo denominaria I, II e III como:
a. frases incompletas, já que não concluem o raciocínio esperado no processo de comunicação.
b. enunciados completos, mas inadequados — de acordo com a norma-padrão.
c. maneiras iguais de se utilizar a linguagem, apenas com entonação diferente, marcada pela pontuação.
d. diferentes maneiras de se estabelecer a comunicação, com expectativas também diversas de resposta.

Atividades de aprendizagem

Questões para reflexão

1. Em 2016, o banco Itaú lançou um comercial que mostrava o nome do aplicativo para *smartphones*, chamado *Digitau*. No comercial, apareciam várias situações de uso do aplicativo e havia uma canção entoada por vozes de crianças, cujo refrão era "ele é o digitau com u". Houve uma contestação por parte da população, pois seria uma maneira de induzir as crianças a escreverem a palavra incorretamente. Explique, com suas palavras, o motivo da reclamação.

2. Qual é a vantagem de se ter, por exemplo, os verbetes nos dicionários apresentados da seguinte forma: árvore (ár.vo.re)?

Atividades aplicadas: prática

1. A polissemia (fenômeno comum a todas as línguas), como vimos, nomeia a possibilidade de termos uma só palavra ou expressão com vários significados de acordo com o contexto. Os poemas e as letras de canção representam um repertório muito produtivo para perceber os diferentes sentidos que a polissemia permite, além de, outras vezes, fazer com que haja diferentes interpretações por causa da sonoridade. Alguns exemplos: a letra da canção "Rebento", de Gilberto Gil, apresenta a palavra que dá título à canção com significado de ato de criação, de broto e também como flexão do verbo rebentar. Em relação à letra da canção "Lágrimas de diamantes", de Paulinho Moska, há duas interpretações possíveis em trechos diferentes: a de *diamantes* e a de *dia amantes*.

Como as canções são um repertório vasto, diverso e de fácil acesso, escolha três canções que você conhece para analisar as possibilidades de utilização da polissemia ou outra estratégia que provoque a percepção de mais de uma interpretação a quem lê ou ouve a letra. Em seguida, explique cuidadosamente como esses efeitos ocorrem nas canções e monte um painel didático que você possa apresentar em uma aula a um grupo de colegas.

2. Elabore uma lista com cinco palavras em língua portuguesa que contenham mais sons do que letras e outra lista com cinco palavras que contenham mais letras do que sons. Em seguida, formule hipóteses com suas palavras sobre a correspondência entre som e grafia.

{

um   O que é a linguística?
dois   Os sons, a gramática e a semântica
três   **Características da língua: mudança e variação**
quatro   Movimentos das linguísticas moderna e contemporânea
cinco   Mente e linguagem

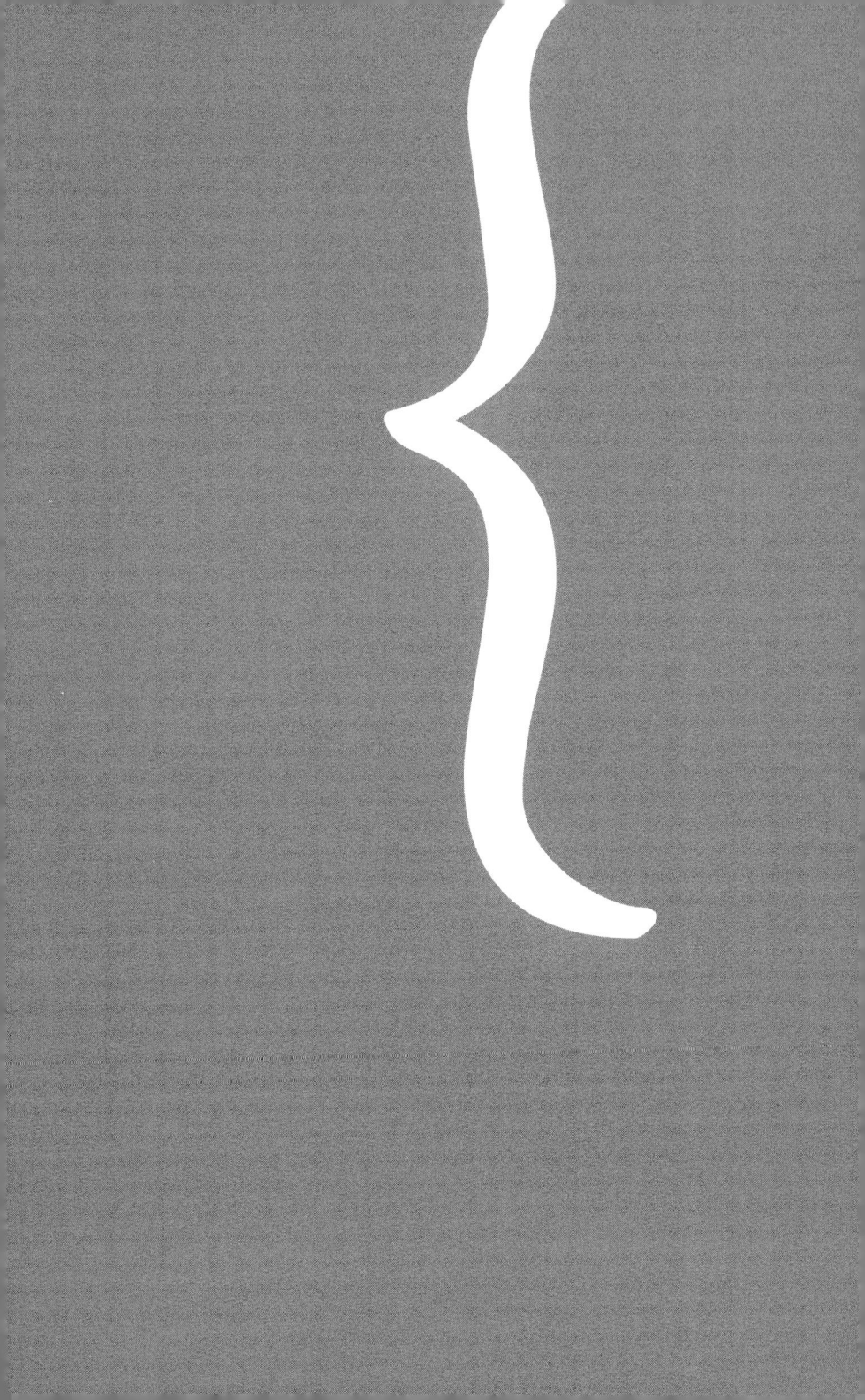

❰ TALVEZ ESTE SEJA o capítulo em que você mais precise exercitar suas reflexões sobre a língua que falamos, em seu sentido mais geral. Essa pressuposição funciona também como uma informação, pois os estudos relacionados à mudança linguística promovem algumas revoluções sobre a maneira como pensamos ou entendemos a nossa e outras línguas.

trêspontoum
Linguística histórica

O *status* de ciência conferido aos estudos linguísticos se deve, em grande medida, aos trabalhos desenvolvidos pela linguística histórica no decorrer do século XIX. Antes dela, havia muitas especulações e recortes fragmentados sobre as relações entre línguas e famílias de línguas do mundo.

> ## Importante!
> É por intermédio das descobertas e comprovações de que a transformação de uma língua em outra não é repentina que se obtém um conjunto de exemplos para descrever processos que são comuns a várias línguas no mundo.

Também é possível afirmar que foi a busca pelo proto-indo-europeu, ou seja, a busca da reconstrução até uma língua que tenha dado origem à família de línguas que descendem do indo-europeu, que acabou dando origem à linguística histórica e à linguística como ciência.

A partir dessa constatação, qualquer falante de português pode se perguntar a respeito de como a nossa língua surgiu, ou ainda se questionar sobre como nasce e morre um idioma. Essas e outras perguntas são curiosidades fundamentais para compreender as tentativas de responder a essas questões feitas por especulações e pesquisas sobre as línguas em diversos momentos da história.*

Como vimos anteriormente, o português é uma língua neolatina, assim como o espanhol, o italiano, o francês e o romeno. No século XIX, o latim já era quase uma língua morta, mas ainda tinha um prestígio muito grande, o que se verifica até hoje quando se trata de expressões jurídicas cristalizadas, por exemplo. Mas, para chegar até as atividades desenvolvidas no século XIX, não podemos deixar de referenciar e relatar uma série de momentos anteriores que marcaram os estudos relacionados às línguas e à gramática de maneira geral.

Os estudos gramaticais (no Ocidente) começaram na Grécia Antiga, quando Dionísio da Trácia escreveu a *Téchné Grammatiké*. Posteriormente, os estudos gramaticais também chegaram aos romanos, que fizeram as adaptações necessárias do latim às descrições feitas pelos gregos. Foram, então, vários séculos de trabalho com a estrutura e a flexão da língua, conforme expusemos anteriormente em nossos estudos. As primeiras descrições de sintaxe surgiram já no século V, mas até que chegássemos à aplicação de métodos que hoje dão cientificidade aos estudos sobre a linguagem, tivemos várias especulações e descrições que aproximaram as ideias sobre língua a descrições já feitas em outras áreas do conhecimento, como a biologia ou a lógica.

---

* Um dos fatores que contribui para a mudança das línguas é a passagem do tempo. Por isso, neste espaço, no início do capítulo, vamos inclusive retomar alguns nomes e obras importantes apresentados no Capítulo 1, quando tratamos de como os estudos linguísticos chegaram até o século XX.

Como não estamos abordando detalhadamente o percurso dos estudos gramaticais, desde a Antiguidade Clássica até nossos dias, fizemos apenas esse breve resumo para explicar as noções de parentesco linguístico ou de comparação entre estruturas linguísticas, que são fruto de séculos de trabalho e incursões em relação às perguntas das mais simples às mais complexas sobre a linguagem e o ser humano.

Desde a Antiguidade Clássica, é verdade, a língua referida nos estudos e descrições era a língua dos literatos (ou seja, a escrita). Entretanto, algumas inquietações levaram os estudiosos da língua, ao longo do século XIX, a pensar que não era possível explicar certas formas de palavras nas línguas modernas com base no latim – ao menos não das formas escritas na língua literária.

Como comprovar que havia parentesco entre certas línguas? Com base nos estudos desenvolvidos nessa área, chegou-se à conclusão de que um conjunto de línguas descende de uma língua anterior, chamada *protolíngua*. De maneira geral, como não se tem registro escrito dessas línguas anteriores, elas são formas hipotéticas para as quais converge o vocabulário das línguas que se imagina descenderem delas.

Os estudos realizados em linguística histórica levaram à constatação de que a língua portuguesa, assim como outras, de acordo com o que se pode observar na imagem a seguir, pertence à família das línguas indo-europeias.

FIGURA 3.1 – CONHECENDO AS FAMÍLIAS LINGUÍSTICAS

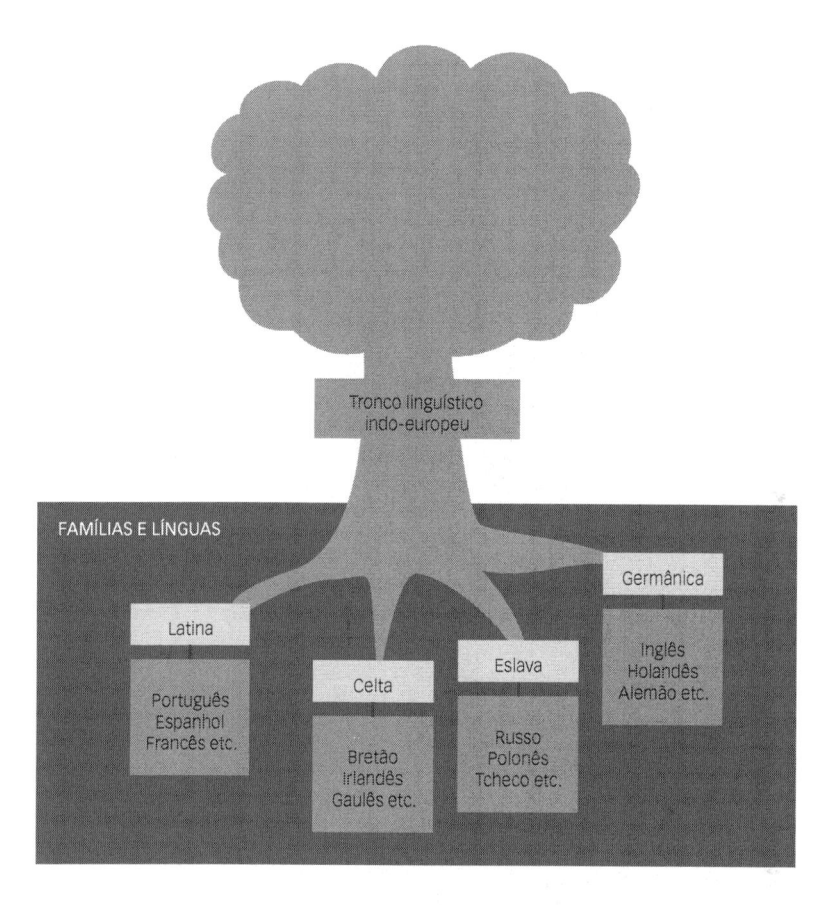

```
                    Tronco linguístico
                      indo-europeu

FAMÍLIAS E LÍNGUAS
                                              Germânica
      Latina
                                               Inglês
                                              Holandês
                            Celta    Eslava  Alemão etc.
    Português
     Espanhol
    Francês etc.           Bretão     Russo
                          Irlandês   Polonês
                          Gaulês etc. Tcheco etc.
```

Não podemos deixar de mencionar aqui os compêndios que descrevem a trajetória da linguística são unânimes em reproduzir: a história de Sir William Jones (1746-1794), um viajante inglês que, ao fazer contato com a língua sânscrita, percebeu que ela guardava semelhanças muito evidentes com o grego e o latim. Foi essa constatação que projetou os estudos para explicar essa semelhança não óbvia como os estudiosos já pensavam acerca do grego e do latim.

Jones (citado por Caetano, 2011) definiu o sânscrito da seguinte forma:

> *A linguagem [sic] sânscrita, seja qual for sua idade, é de uma linda estrutura; mais perfeita do que o Grego, mais copiosa do que o Latim, e mais precisamente refinada do que os dois, ainda compartilha com ambos uma forte afinidade, tanto nas raízes dos verbos quanto nas formas de gramática, mesmo que possivelmente tenha sido criada por acidente; é, na verdade, tão forte, que nenhum filólogo poderia examinar as três sem acreditar que tenham nascido de uma fonte comum, que, talvez, nem exista mais.*

Quase três séculos depois, acredita-se que haja aproximadamente 30 famílias de línguas no mundo. Entretanto, a validação da existência dessas famílias depende de uma série de reconstruções linguísticas que, às vezes, não são evidentes devido à ausência de registros ou de indícios para a geração de hipóteses.

3.1.1 Método histórico-comparativo

Após empreendermos uma viagem ao século XVIII para entender como a linguística histórica se apresentou aos estudos linguísticos já desenvolvidos, é importante destacar uma de suas grandes contribuições: o **método histórico-comparativo**. Ele nomeia uma série de combinações capazes de estabelecer e comprovar relações genéticas entre as línguas. Entre 1820 e 1870, o método foi desenvolvido com muita ênfase, até que os pesquisadores sentissem ampla confiança nos resultados obtidos.

Para falantes nativos do português, assim como das demais línguas românicas, a maneira mais transparente de perceber as relações genéticas entre as línguas é analisar um quadro de correspondência sistemática entre elas. É possível compreender facilmente as semelhanças existentes não apenas porque já sabemos que essas línguas têm as correspondências que procuramos, mas porque conhecemos – em certa medida – e temos acesso à protolíngua que lhes dá origem: o latim.

QUADRO 3.1 – COMPARAÇÃO DE PALAVRAS EM LÍNGUAS NEOLATINAS

Latim	Italiano	Francês	Espanhol	Português
pluvial	*pioggia*	*pluie*	*lluvia*	chuva
lacte	*latte*	*lait*	*leche*	leite
caballus	*cavallo*	*cheval*	*caballo*	cavalo
capra	*capra*	*chèvre*	*cabra*	cabra
clavis	*chiave*	*clef*	*llave*	chave

Observando o quadro, é possível fazer uma série de constatações, seja sobre as relações de correspondência sistemática (forma das palavras), seja pela proximidade dos significados nas diferentes línguas. Uma das constatações bem simples a partir do quadro é a de que algumas línguas se afastam mais do que outras da forma original da palavra latina.

Em relação ao significado, também se pode observar que algumas palavras assumem sentidos mais conotativos ou mais denotativos em relação ao original. Essa constatação, no entanto, não fica evidente apenas pela leitura do quadro. Para fazê-la, precisamos conhecer um pouco do percurso diacrônico que essas palavras fizeram do latim para as línguas neolatinas, como o português, o francês, o italiano e o espanhol.

Um exemplo dessa transformação de significado é a mudança da palavra *caballus*, que veio a se transformar em *cavalo*, em português. No latim clássico, o termo empregado para o que conhecemos hoje como *cavalo* era o vocábulo *equus*, que veio a se transformar na fêmea do cavalo em português (égua). Naquele tempo, *caballus* significava cavalo de carga ou, em sentido conotativo, pessoa chata. No latim tardio, que é a base para o surgimento das línguas neolatinas, *caballus* ampliou seu significado, perdendo, inclusive, a conotação depreciativa de pessoa chata.

> ### Preste atenção!
>
> Com base no Quadro 3.1, também podemos exemplificar a afirmação postulada pelos neogramáticos, em meados de 1870, de que há leis fixas para as mudanças sonoras das línguas. Em 1822, Jacob Grimm – um dos famosos irmãos Grimm – divulgou amplamente uma lei fonética que ficou conhecida como *lei de Grimm*, na qual descrevia a correspondência entre sons do protogermânico e o alemão. Apesar de formulada para o alemão, essa lei abrange uma série de outras explicações sobre as transformações, inclusive a partir do latim e do grego. As palavras usadas para explicar essa transformação são duas relações de parentesco registradas em todas as línguas antigas estudadas para a comparação pretendida: *pai* e *irmão*. Assim, analisando a reconstrução feita por ele, é possível traçar a mudança de *pater* até *pai*, por exemplo.

No entanto, em razão de uma série de irregularidades que devem ser consideradas como existentes nas protolínguas, as formas reconstruídas são sempre consideradas hipotéticas. Para indicar que essas hipóteses são reconstruções não comprovadas da protolíngua, elas são marcadas com um asterisco, como ocorre com a forma **capu(m)*, por exemplo, que seria o que origina *caput* (cabeça) em latim.

trêspontodois
Circunstâncias da mudança linguística

Os processos que contribuem para a mudança linguística não são novos, aliás, eles surgem e se instalam justamente pelo uso que se faz da língua e por outros fatores externos à linguagem, como as fronteiras e o poder econômico.

As tentativas de explicação para os processos de mudança não surgiram na contemporaneidade, mas são fruto de discussões que datam desde os primeiros registros de discussões e especulações sobre as línguas. São explicações múltiplas, mas nenhuma delas é abrangente a ponto de dar conta de todas as possibilidades.

Pode parecer paradoxal afirmar que a língua muda para se conservar, mas é exatamente o que acontece. Para entender de maneira mais concreta essa afirmação, é possível comparar a língua a uma construção: sem revisões periódicas, ela desmorona. Esse é um cenário que nos ajuda a entender o processo de mudança de maneira geral. No âmbito das mudanças linguísticas, é importante exemplificar as causas mais evidentes e como a mudança pode ser percebida no cotidiano.

Como as palavras se comportam em relação à passagem do tempo? Ou como as palavras de um idioma se comportam com a chegada de palavras estrangeiras? Uma das respostas para essas questões é justamente a percepção de que a mudança pode acontecer no campo da fonética, da fonologia, da morfologia, da sintaxe ou da semântica.

Para tornar a compreensão desses aspectos mais clara, podemos empregar como exemplo as hipóteses para descrever as mudanças ocorridas no português brasileiro (PB): a **hipótese evolucionista**, que trabalha com a pressuposição de que a língua se comporta como um ser biológico, obedecendo a um determinismo linguístico (o meio determinaria a mudança); a **hipótese crioulista**, que fundamenta o contato entre a língua do colonizador (português) e as línguas dos colonizados (africanos e ameríndios) como criador de certas particularidades da nossa língua; e a **internalista** (muito mais difundida que as outras), que propõe uma explicação interna ao sistema da língua para as mudanças ocorridas.

Uma das características observáveis em PB é a aplicação do pronome pessoal do caso reto (ele/ela) como objeto direto em sentenças como "Eu levei ele para a escola". Para quem defende a hipótese internalista, isso ocorre porque a construção produzida pelo uso de um pronome oblíquo átono, como em "Eu o levei para a escola", não é característica comum ao PB; ao contrário, é comum que essas vogais sejam suprimidas na fala, por isso a força do uso do pronome *ele* no lugar do *o*.

Outra situação que pode ser mencionada é a que está relacionada à simplificação da morfologia nominal, principalmente entre falantes menos escolarizados, em construções como "as casa verde" – a marca única de plural no determinante (artigo) já promove a diferenciação entre singular e plural.

Com base nesses exemplos, podemos comprovar a importância de se considerar a mudança como algo que faz parte do processo dinâmico das línguas, algo que acompanha qualquer língua e, principalmente, que pode ser explicado de diversas maneiras. É importante, porém, perceber que o fato de reconhecer a ocorrência das mudanças não quer dizer que elas já tenham promovido alterações no sistema prescrito como uso de norma-padrão da língua, principalmente no que diz respeito à escrita.

> ## Importante!
>
> Os estudiosos desses aspectos da língua costumam dividir as mudanças em dois grupos: **mudança linguística e mudança gramatical ou lexical***. O importante, nesse caso, é estarmos atentos ao fato de que, dependendo do estágio dos estudos linguísticos, uma ou outra explicação receberá maior crédito. Também é interessante compreender que as leis que explicam as mudanças sonoras são um resumo do que aconteceu em determinada área e em determinado grupo de falantes, assim como a explicação com base em analogia e empréstimo recobre apenas determinado conjunto de mudanças.

Outro conceito importante a ser abordado em relação às mudanças na língua é a **variação linguística**, condicionada por

---

* A mudança gramatical ou lexical se dá quando um item lexical (palavra) ganha ou perde valor de uso na própria língua. Afirma-se, por exemplo, que ele passa por processos de gramaticalização quando assume outras funções que não desempenhava antes.

elementos como momento histórico e espaço geográfico. Podemos dividir os estudos relacionados à variação linguística entre duas disciplinas essenciais: a **dialetologia** e a **sociolinguística**.

Os **dialetólogos** selecionam um recorte geográfico, aplicam métodos de estudo para levantamento de características e, com base nos resultados obtidos, são responsáveis por elaborar os atlas linguísticos, que contêm o mapeamento de **sotaques e dialetos** de determinado local. No Brasil, temos o *Atlas Linguístico do Brasil* (Alib).

Já a **sociolinguística** faz um recorte um pouco diferente da comunidade de falantes a ser pesquisada: a extensão territorial abarcada é bem menor do que aquela utilizada para compor um atlas. Além disso, há o emprego de outros métodos de pesquisa, os quais procuram descrever se os falantes mudam o registro utilizado de acordo com o gênero, a faixa etária, o nível sociocultural e o grau de formalidade. A partir dos resultados obtidos, costuma-se fazer análises descrevendo regras que promovem a variação do sistema, considerando fatores linguísticos e extralinguísticos.

Há recortes bastante empregados para constatar a variação linguística sincrônica no Brasil, como:

- **Língua falada e língua escrita**: O vocabulário e as construções empregados na oralidade não são iguais aos utilizados na escrita. É muito comum que na oralidade sejam empregadas sentenças mais curtas e com relações mais simples entre elas. Há levantamentos que apontam a predominância de relações de coordenação na fala, enquanto na escrita predominam as relações de subordinação.

- **Variação sociocultural** (falante mais escolarizado e falante menos escolarizado): As diferenças, nesse caso, podem ser, por exemplo, em relação à aplicação ou não das marcas de plural, como em relação aos contrastes entre as formas empregadas nas conjugações verbais e os pronomes, como "eu falo, mas você, ele, nós, vocês e eles fala".
- **Variação na própria escrita** (entre o português escrito corrente e o português escrito literário): Até mesmo o português escrito corrente sofre variações, pois em uma mesma edição de jornal, por exemplo, podemos encontrar diferentes registros escritos. Há inclusive diversas possibilidades para se definir português literário: Há diferença de erudição, de registro ou de outros aspectos? Qual deles é mais urbano ou mais rural? Todas essas características e outras tantas podem ser empregadas para que se faça um estudo de variação linguística.

Com base nessas definições e provocações para a reflexão, podemos perceber como temos motivos de sobra para afirmar que a língua é heterogênea - não apenas quando se faz referência às diferenças entre fala e escrita, por exemplo, mas no próprio universo da fala ou da escrita.

trêspontotrês
Analogia e empréstimo

Ao transitar por um momento tão importante e marcante dos estudos linguísticos, como o da aplicação do método comparativo, a informação de que o vocabulário das línguas muda e é reinterpretado fica evidente. Por estar em constante movimento, ele oferece aos estudiosos e curiosos uma série de informações que podem ajudar a esclarecer ou a criar novas dúvidas.

De maneira geral, as transformações que ocorrem na língua, especialmente as registradas, são definidas como *analogia* ou *empréstimo*. E o que esses termos significam? Veremos isso a seguir.

Primeiramente, precisamos retomar alguns pensamentos presentes na Roma Antiga para compreender a **analogia**. No século I a.C., como vimos anteriormente, o filósofo Marco Terêncio Varrão escreveu seu *De lingua latina* ("Sobre a língua latina"), no qual apontou as características de derivação por analogia ou anomalia. O filósofo argumentava que as palavras que seguem os modelos de derivação são formadas por analogia, enquanto as que apresentam distorções do modelo são formadas por anomalia. Sintetizando: analogia é o modelo a ser seguido e anomalia é algum tipo de distorção. Não é por acaso que, até hoje, nas línguas contemporâneas, costumamos encontrar verbos, por exemplo, caracterizados como anômalos.

> ## Preste atenção!
> Um verbo anômalo é aquele que, quando conjugado, sofre mudanças muito significativas no radical verbal, ou seja, não é possível reconhecer um radical verbal comum comparando as diferentes formas nas diversas conjugações. Isso acontece, por exemplo, com os verbos *ser* e *ir*, que mostram bem as diferenças de formas em cada conjugação: eu **vou**, eu **fui**, eu **irei**/eu **sou**, eu **fui**, eu **serei** (os radicais verbais, que costumam se manter inalterados nas conjugações regulares, aqui são completamente diferentes).

A analogia segue, então, o princípio da regularidade, e a anomalia acontece em consequência de irregularidades.

Esclarecido o conceito de analogia, é hora de pensarmos e percebermos a presença e a função dos **empréstimos linguísticos** na mudança do vocabulário de uma língua. Ainda entre os romanos, era costume afirmar que *verba sequuntur res* ("as palavras seguem as coisas"). Essa seria uma informação suficiente para explicar os motivos pelos quais, quando se importa um produto ou serviço, o nome que o designa vem junto e passa a fazer parte da língua que o recebe. Com o passar do tempo, percebemos que não é bem assim. As palavras e expressões importadas de uma língua para outra podem ter diferentes objetivos e motivações, além de poderem se chocar com formas já existentes na língua importadora.

Uma das situações bem recentes que pode nos servir como exemplo é a discussão bastante forte travada no início dos anos 2000, no Brasil, que fez surgir inclusive projetos de lei que previam a proibição de estrangeirismos. Esse advento não surgiu ao acaso, mas é fruto da grande permeabilidade apresentada pela língua portuguesa, no Brasil, para termos de língua inglesa, principalmente depois da disseminação de produtos e serviços pela internet, nos anos 1990.

Os defensores de políticas mais rigorosas em relação à adoção de estrangeirismos no Brasil afirmam que a língua pode ser descaracterizada pela inserção de expressões de língua estrangeira. Já os defensores de que a permeabilidade entre as línguas é um processo natural e irrefreável são mais condescendentes, pois costumam afirmar que expressões de outras línguas devem ser aceitas quando não há outras correspondentes já em uso.

Para evitar o alarde sobre os vocábulos importados da língua inglesa, costuma-se refletir sobre os importados da língua francesa ao longo do século XX, que chegaram inclusive a substituir termos que já existiam em língua portuguesa, mas que foram substituídos voluntariamente pelos estrangeirismos franceses, como *convescote* por *piquenique*.

Outro argumento para acalmar os falantes em relação à entrada de palavras estrangeiras é justamente o fato de a estrutura da língua não mudar devido à inserção de estrangeirismos, já que eles se acomodam à sintaxe existente.

Contudo, é importante salientar que o vocabulário de uma língua está em constante movimento, ou seja, essas relações sempre podem ser alteradas e reinterpretadas, como é o caso do verbo *deletar*, que passou a ser utilizado no Brasil há menos de duas décadas. A princípio, foi percebido e classificado como estrangeirismo, já que se creditava seu surgimento à forma *delete*, vinda do inglês com o advento da informática. Entretanto, pouco tempo depois, foi possível perceber e comprovar que a forma ressurgida em português nada mais era do que uma forma oriunda do latim, do verbo *deleo, delere*, cuja produtividade em português não se verificava até então. Trata-se de uma palavra que fez um caminho diferente do costumeiro para chegar do latim ao português, mas que não deixa de ser originalmente latina.

Síntese

Nesse capítulo, pudemos aprofundar nossos conhecimentos sobre as transformações que ocorrem nas línguas por meio dos conceitos de *mudança* e *variação*. Embora pareçam termos sinônimos, pudemos verificar que são bastante distintos, pois a mudança linguística está relacionada às mudanças diacrônicas analisadas pela linguística histórica, ao passo que as variações linguísticas são estudadas pela sociolinguística, que analisa, de maneira sincrônica, as relações entre língua e sociedade e as influências extralinguísticas dos dialetos.

Com base na linguística histórica, também pudemos aprofundar nosso conhecimento sobre o surgimento das línguas por meio das protolínguas (línguas ancestrais), as quais deram origem às famílias de línguas (como no caso das línguas neolatinas). A protolíngua pode ser uma língua documentada – como o latim – ou reconstruída por intermédio de formas hipotéticas – como o indo-europeu. Para tornar mais clara a relação entre as famílias de línguas e as protolínguas, utilizamos o método comparativo, desenvolvido pelos linguistas históricos para explicar fenômenos de natureza fonética e morfológica e estabelecer as relações de parentesco entre as diversas famílias linguísticas, para ver as relações entre o latim e as línguas neolatinas.

Por fim, explicamos a analogia, que é a possibilidade de formar outras palavras por semelhança em relação a um modelo; a permeabilidade entre línguas, que é a capacidade de duas ou mais línguas cederem e receberem palavras e estruturas uma da outra; e o empréstimo linguístico, que compreende a adoção de termos estrangeiros por outra língua.

Indicações culturais

FARACO, C. A. **Estrangeirismos**: guerras em torno da língua. São Paulo: Parábola, 2001.

Muitas pessoas em diversos países podem pensar que sua língua materna está ameaçada pela invasão de palavras estrangeiras. Isso não é diferente em relação à entrada de palavras de outras línguas, principalmente do inglês, na língua portuguesa contemporânea. Às vezes, a situação pode parecer tão desfavorável que se torna projeto de lei a ser debatido nas mais altas esferas legislativas. No entanto, uma explicação que delineia os caminhos que os idiomas trilham pode esclarecer o leitor a respeito do tipo de relação de poder ou de interseção entre as línguas. É o que faz Carlos Alberto Faraco neste livro, considerando como as palavras são importadas de uma língua a outra e quais os mecanismos linguísticos que impedem a descaracterização da língua que recebe as palavras estrangeiras.

FARACO, C. A. **Linguística histórica**: uma introdução ao estudo da história das línguas. São Paulo: Parábola, 2005.

Nessa obra, Faraco apresenta didaticamente os passos da linguística histórica e a descrição de uma série de descobertas até os nossos dias.

Atividades de autoavaliação

1. Pode-se identificar como uma das finalidades da reconstrução em linguística histórica:
   a. identificar o parentesco entre línguas.
   b. criar uma nova gramática para as línguas.
   c. padronizar a escrita entre falantes da mesma língua.
   d. evitar erros de ortografia em documentos oficiais.

2. Observe o quadro a seguir.

Cantar		Ir	
canto	cantei	vou	fui
cantas	cantaste	vais	foste
canta	cantou	vai	foi
cantamos	cantamos	vamos	fomos
cantais	cantastes	vades	fostes
cantam	cantaram	vão	foram

Do ponto de vista da manutenção ou não do radical verbal, é possível afirmar corretamente que:

a. *cantar* e *ir* são verbos anômalos.
b. *cantar* e *ir* são conjugados em paradigma de analogia.
c. *cantar* segue o paradigma da analogia e *ir* é anômalo.
d. *cantar* é verbo anômalo e *ir* segue o paradigma de 3ª conjugação.

3. Leia o trecho a seguir.

> Em diversas épocas, mas principalmente no século XX, os homens intervieram na estrutura das línguas, não somente pela estandardização da norma, mas também pela planificação da gramática: por exemplo, os gêneros do holandês, as flexões nominais e verbais em finlandês, as desinências casuais em estoniano, o lugar dos clíticos em checo, numerosos pontos da morfologia em hebraico israelense. Essa ação concerne igualmente às estruturas lexicais: modernização do vocabulário, em particular erudito e especializado (tecnoletos e outros itens da neologia), defesa legal contra as "invasões" de termos estrangeiros (ex. França, Quebec) e, mais geralmente, controle do principal fator externo de modificação da estrutura da língua, o empréstimo.

FONTE: Hagège, 1986, p. 124-125, citado por Fiorin, 2000, p. 32.

Com base na leitura do texto, é possível compreender que o autor põe o termo *invasões* entre aspas para:

a. descrever em sentido figurado a noção da entrada de palavras estrangeiras em determinada língua.
b. chamar a atenção dos falantes que utilizam palavras estrangeiras em excesso no lugar de palavras nacionais.
c. evidenciar os problemas que podem surgir devido ao uso de palavras estrangeiras.
d. evidenciar que não há a entrada de termos estrangeiros em outras línguas.

4. Os empréstimos lexicais contribuem para a mudança linguística, e eles só não podem ocorrer da seguinte maneira:
a. pela passagem do tempo.
b. por contato entre culturas.
c. pelas negociações econômicas.
d. pela importação de tecnologias.

5. Leia o trecho a seguir, retirado do conto "Pechada", de Luis Fernando Veríssimo.

> Perguntaram para a professora por que o Gaúcho falava diferente. A professora explicou que cada região tinha seu jeito, mas que as diferenças não eram tão grandes assim. Afinal, todos falavam português. Variava a pronúncia, mas a língua era uma só. [...]
> Um dia o Gaúcho chegou tarde na aula e explicou para a professora o que acontecera.
> — O pai atravessou a sinaleira e pechou.
> [...]
> — Nós vínhamos de auto, o pai não viu a sinaleira fechada, passou no vermelho e deu uma pechada noutro auto.
> [...]

FONTE: Veríssimo, 2004.

O emprego da palavra *pechada* para indicar que houve uma colisão entre veículos pode ser identificado como um indicativo de:

a. mudança da norma-padrão.
b. variação sintática.
c. variação dialetal.
d. desconhecimento da norma-padrão.

Atividades de aprendizagem

Questões para reflexão

1. Observe a seguinte capa de livro.

SCHERRE, M. M. P. Doa-se lindos filhotes de poodle: variação linguística, mídia e preconceito São Paulo: Parábola, 2012

Explicamos no capítulo que mudança linguística não é sinônimo de variação, mas que a variação pode, sim, contribuir para a mudança. A frase apresentada na capa do livro é exemplo de um fenômeno muito recorrente na língua portuguesa contemporânea:

o apagamento ou o não reconhecimento, por parte dos falantes, de algumas regras de concordância. Essa variação pode, futuramente, implicar uma mudança.

Com base em suas reflexões sobre características e transformações da língua portuguesa, explique com suas palavras a alteração percebida entre:

1. Doam-se lindos filhotes de *poodle*.
2. Doa-se lindos filhotes de *poodle*.

2. (Enade, 2005) Leia o texto e analise os dados linguísticos que o seguem.

Estar e andar + gerúndio

No período arcaico esses verbos seguidos de gerúndio podem ocorrer semanticamente plenos, com significado lexical etimológico: *estar* (lat. stare) "estar de pé"; *andar* (lat. ambitare) "deslocar-se com os pés". Na documentação arcaica, em muitos contextos, fica-se na dúvida se nas sequências desses verbos com gerúndio se tem uma locução verbal ou duas orações com um desses verbos como principal e o gerúndio como uma subordinada reduzida temporal.

> Exemplos:
> 1. *No dia da sa morte <u>estando</u> os homens bõõs da cidade onde el era bispo <u>fazendo</u> gram chanto sobre el...*
> [No dia da sua morte, <u>estando de pé</u> os homens bons da cidade onde ele era bispo, <u>fazendo</u>... ou No dia de sua morte, <u>estando</u> os homens bons da cidade onde ele era bispo <u>fazendo</u>...]
> 2. *<u>Andava</u> per muitas cidades e per muitas vilas e per muitos castelos e pelas ruas e pelas casas dos homẽs <u>dizendo</u> muitas santas paravoas.*
> [<u>Caminhava</u> por muitas cidades e por muitas vilas e por muitos castelos e pelas ruas e pelas casas dos homens <u>dizendo</u>... ou <u>Estava dizendo</u> por muitas cidades e por muitas vilas e por muitos castelos e pelas ruas e pelas casas dos homens...]

(Adaptado de R. V. Mattos e Silva, O português arcaico)

A dúvida sobre o Português Arcaico, explicitada por Mattos e Silva, mantém-se nas construções com *estar* e com *andar* seguidos de gerúndio do Português Contemporâneo do Brasil? Explique e dê um exemplo de construção com cada um desses verbos para confirmar sua hipótese.

Atividade aplicada: prática

1. Para consolidar o aprendizado desse capítulo, veja a reflexão feita pelo professor Sírio Possenti no seguinte trecho do texto "Gramática na cabeça".

Um só português?

Há outra dimensão a ser considerada: de fato, no mundo real da escrita, não existe apenas um português correto, que valeria para todas as ocasiões e para todos os "suportes": o estilo dos contratos não é o mesmo do dos manuais de instrução; o dos juízes do Supremo não é o mesmo do dos cordelistas; o dos editoriais dos jornais não é o mesmo do dos cadernos de cultura dos mesmos jornais. Ou do de seus colunistas!

O que a escola precisaria fazer, se quisesse que os alunos "cheguem perto" de dominar estes vários estilos, é ler e analisar textos escritos nesses diversos estilos, chamar a atenção para as diferentes construções, levar os alunos a escreverem e reescreverem textos até "chegarem perto" de dominar estes estilos.

O que a escola não deve mais – é inclusive um gasto inútil! – é fazer listas para os alunos decorarem. Se for minimamente competente (isto é, se seus especialistas souberem o que estão fazendo, se conhecerem seu serviço), deverá ter descoberto, já, que não é assim que se aprende uma língua, especialmente suas formas antigas ou irregulares. A verdadeira gramática está (estará?) na cabeça dos falantes.

Listas, fora!

FONTE: Possenti, 2011, grifo do original.

Sírio Possenti defende a tese de que não existe um único "português correto". Assim sendo, o domínio da língua portuguesa implica, entre outras coisas, saber adequar as formas da língua a diferentes tipos de texto e contexto.

Ao afirmar que há outras dimensões a serem observadas, o autor não despreza aquela que já é observada pela escola: a norma--padrão. As variantes linguísticas ocorrem por diferentes fatores e a percepção de que sua realização requer um contexto específico é uma das habilidades necessárias ao aprendizado de línguas.

Agora, com base na reflexão acerca da diversidade de escolhas da língua apresentada nos jornais, que ainda assim estão contidas no recorte da norma-padrão, procure, ao longo de uma semana, três jornais diferentes ou três cadernos do mesmo jornal. Em seguida, recorte textos que comprovem as afirmações do professor Possenti sobre a diversidade de estilos publicada nos diferentes cadernos de um mesmo jornal. Monte um painel que você possa usar para explicar o tema a um grupo de colegas.

um   O que é a linguística?
dois   Os sons, a gramática e a semântica
três   Características da língua: mudança
e variação
**# quatro   Movimentos das
linguísticas moderna
e contemporânea**
cinco   Mente e linguagem

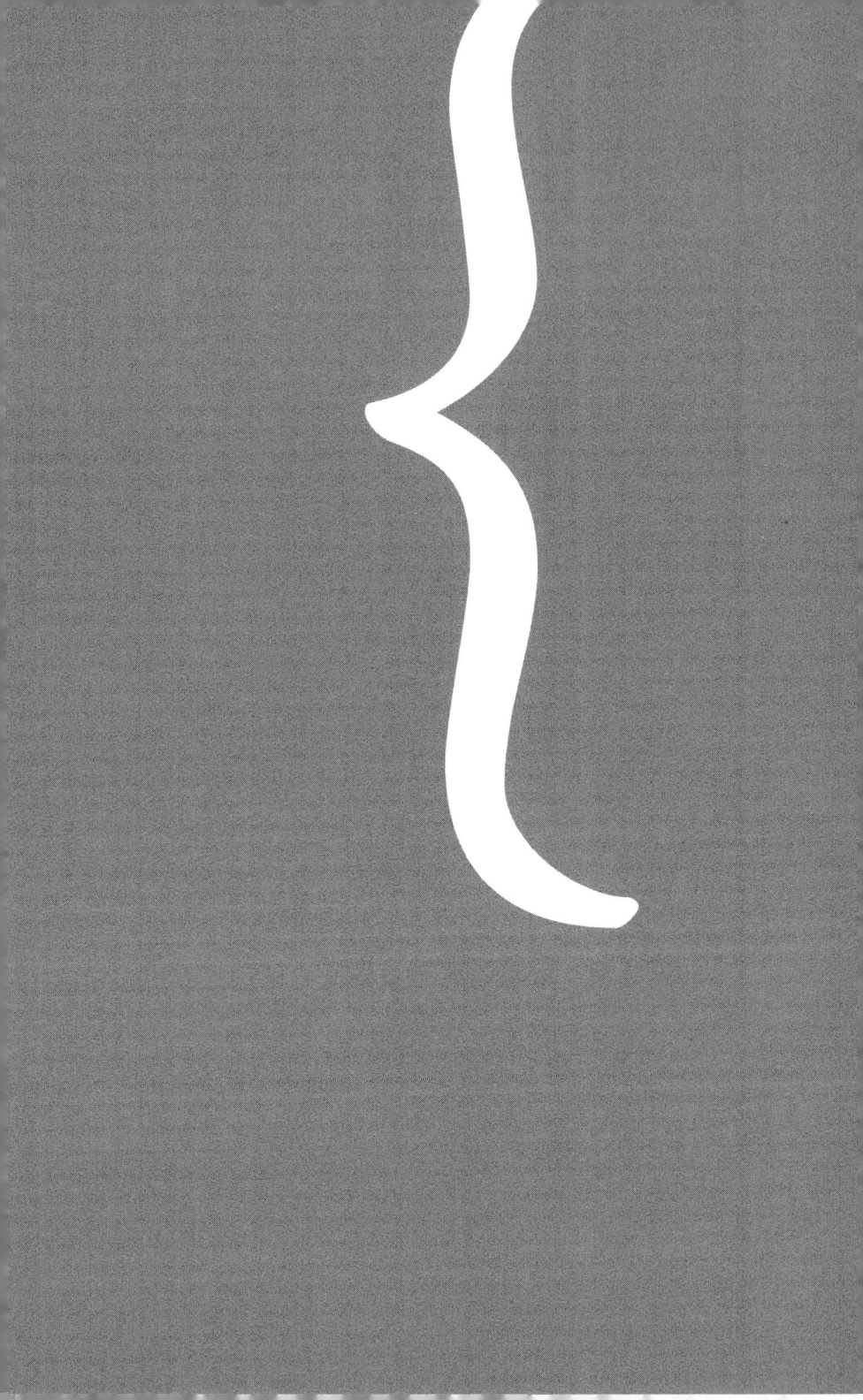

❰TODA E QUALQUER ciência passa por transformações. Do contrário, ela correria o risco de perder a importância e até a capacidade de descrever ou se relacionar com o objeto de estudo. De qualquer forma, nem toda transformação é incorporada e considerada teoria. Neste capítulo, vamos estudar quatro escolas de teorias linguísticas que tiveram grande repercussão ao longo de todo o século XX.

Antes de mais nada, é importante abordarmos o historicismo (século XIX), que constitui um dos pontos-chave da preparação do estruturalismo – marcado e repercutido ao longo do século XX. Para isso, é preciso relembrarmos as características da linguística histórico-comparativa e suas contribuições, trabalhadas no Capítulo 3*.

Também é válido ressaltar que há muita confusão, mesmo no meio acadêmico, quando se trata de descrever e exemplificar essa corrente de pensamento. Precisamos estar sempre atentos para não contribuir com essas confusões.

---

* Além desse estudo no Capítulo 3, no Capítulo 1 apresentamos uma linha do tempo para ilustrar o percurso dos estudos linguísticos até chegar ao século XX. Optamos por essa distribuição de análises justamente porque é a partir do século XX que a linguística passou a ser tratada como uma ciência autônoma e, desse ponto em diante, ocorreram os desdobramentos em diferentes ramos. Por isso, neste capítulo vamos tratar desses diferentes ramos, que se constituem como grandes pilares para o trabalho de quem deseja pesquisar a linguagem ou ser professor de línguas (tanto da materna quanto de outras).

> **Importante!**
>
> O **historicismo** sintetiza a ideia de que, a partir do momento em que a linguística reivindica caráter de cientificidade, passa a ter, necessariamente, caráter histórico.

Assim, o linguista adepto das explicações da linguística histórica abordará os fatos da perspectiva que um historiador abordaria: as línguas são assim, como as conhecemos hoje, porque, com o passar do tempo, elas sofreram interferências internas e externas que provocaram transformações. Essa perspectiva contraria principalmente as propriedades universais da linguagem apresentadas pelos gregos antigos, como Platão, Aristóteles e os estoicos.

Explicado isso, podemos começar nosso estudo sobre as principais teorias do século XX.

quatropontoum
Estruturalismo

Em geral, quando definimos uma corrente de pensamento linguístico, buscamos um marco temporal em que possamos situá-la ou a publicação de uma obra que caracterize seu começo. No caso do **estruturalismo**, convencionamos datá-lo pela publicação do *Curso de linguística geral*, de Ferdinand de Saussure (1857-1913), em 1916. Vários conceitos relacionados ao estruturalismo já haviam sido abordados, pois muitas das ideias desenvolvidas por Saussure durante o curso já estavam presentes em estudos do século XIX.

> **Preste atenção!**
>
> O *Curso de linguística geral* é uma publicação póstuma composta por anotações de alunos do curso que Saussure ministrou em Genebra entre 1907 e 1911. Na obra, encontramos as dicotomias* pelas quais Saussure explicava, em suas conferências, a concepção de cientificidade que creditava à linguística.

Já que ingressamos, no início do capítulo, em nossas reflexões sobre o historicismo e fizemos uma breve retomada dos estudos relacionados à linguagem até o reconhecimento da linguística como ciência, é interessante começarmos a abordagem do estruturalismo pela retomada da diferenciação entre estudo sincrônico e diacrônico.

Essa primeira dicotomia apresentada por Saussure fundamenta sua defesa de que o estudo sincrônico de uma língua pode ser tão científico quanto o diacrônico. Além disso, diferente do

---

* Como vimos anteriormente, o fato de Saussure pensar a língua como um sistema fazia com que ele trabalhasse com definições por oposição, ou seja, com a exploração de dicotomias (sintagma e paradigma; *langue* e *parole*; sincronia e diacronia). Assim, as definições elaboradas com base na teoria formulada por ele podem se dar considerando-se a oposição entre as duplas, por exemplo: o que não é *langue*, é *parole*; o que não está no eixo do sintagma, inscreve-se no paradigma, e assim por diante.

estudo diacrônico, que é causal, o estudo sincrônico é estrutural, motivo pelo qual essa escola é conhecida como *estruturalismo*.

Assim, a abordagem de Saussure para explicar por que as línguas são como são não é embasada no estudo da transformação de formas e sentidos com o passar do tempo, mas sim na percepção (sincrônica) de que todas as formas e sentidos estão relacionados entre si em um sistema linguístico em determinado momento.

Quando começamos a estudar as correntes de pensamento de uma ciência, é possível que haja uma interpretação equivocada de que as novas correntes invalidaram as anteriores. Não é o que acontece com o estruturalismo defendido por Saussure. Ele não tentou invalidar os estudos diacrônicos, mas reivindicou cientificidade para os estudos sincrônicos.

Uma das analogias mais conhecidas para explicar a abordagem estruturalista, comumente apresentada em livros de teoria linguística, é a que associa um sistema linguístico ao sistema de um motor de um *Rolls Royce*. Certamente, se essa analogia seguisse os mesmos moldes e fosse apesentada hoje, seria mais fácil fazê-la com os motores dos carros de Fórmula 1, por exemplo. Contudo, qualquer que seja o modelo do carro, o que nos interessa como analogia é que há duas possibilidades de explicar o sistema do motor: a primeira é que podemos observar as mudanças ocorridas ao longo do tempo, em termos de *design* e desempenho, por exemplo; e a segunda é a de que podemos explicar cada componente do sistema como é hoje e seu papel no conjunto no modelo escolhido. A segunda opção é a explicação estrutural.

Por falar em analogia, não é possível tratar do estruturalismo e da abordagem do sistema linguístico por Saussure sem lembrar a analogia com o jogo de xadrez, mencionada anteriormente. De maneira geral, a analogia considera que as peças todas têm um valor dentro do sistema em um momento específico do jogo. É preciso empregar as duas analogias e outras que possam ser apresentadas com cautela, já que, por exemplo, há bastante diferença entre um motor (uma máquina) e uma instituição social (uma língua).

Ao apresentar a abordagem sincrônica, Saussure permite perceber que algumas possíveis incoerências podem ser levantadas, como o fato de ele afirmar que o estruturalismo não faz parte da linguística histórica. Por que isso tem indícios de incoerência? Porque em 1879, Saussure havia publicado um estudo que aplicou o método de reconstrução interna para o sistema vocálico do proto-indo-europeu. Mais tarde, vários estudiosos que se consideravam estruturalistas aplicaram esse mesmo método.

Para abordar as outras dicotomias saussurianas, é preciso sempre enfatizar o caráter abstrato de sua concepção de sistema linguístico. É importante que se observe a omissão de qualquer atividade relacionada ao falante.

> **Preste atenção!**
>
> Uma dicotomia exposta por Saussure envolve *langue* e *parole*. Observa-se a *langue* (língua) como um sistema concentrado nele mesmo por ele mesmo. A *langue* seria o meio de que todos dispomos para nos comunicar. Já a *parole* é a realização cotidiana da *langue* para a comunicação entre os indivíduos. Ainda assim, identificar, definir e compreender essa dicotomia não é tarefa fácil, pois quanto mais se lê Saussure, mais investigações linguísticas podem ser feitas.
>
> O que também é bastante interessante é que *langue* e *parole* servem-se, por assim dizer, do mesmo sistema.

Assim, Saussure divide a língua em dois eixos: sintagmático e paradigmático. O **sintagma** é o eixo horizontal, que reúne as combinações passíveis de se transformar em enunciados. Já o **paradigma** é o eixo vertical, que agrupa milhares de palavras disponíveis na língua que podem ocupar os lugares no enunciado formulado no sintagma. Observe a Figura 4.1 a seguir.

FIGURA 4.1 – EIXOS PARADIGMÁTICO E SINTAGMÁTICO

Eixo paradigmático	O menino	não comeu	o bolo	de aniversário
	Jéssica	comeu	bolo	de laranja
	Minha tia	odeia	bolo	de caixinha
	O bolo	da minha vó	é o melhor	
	Você	gosta	de bolo?	
	Eixo sintagmático			

Vamos tomar como exemplo apenas os substantivos **menino** e **bolo**. Eles estão no eixo do sintagma, mas podemos buscar outros substitutos para eles no eixo paradigmático, como "O menino odeia bolo de laranja" ou simplesmente "O menino comeu bolo". Assim, podemos dizer que o eixo paradigmático apresenta todas as possibilidades presentes língua, enquanto o eixo sintagmático é o responsável por concretizar as hipóteses do paradigma. Juntos, esses dois eixos constroem a língua.

Outra contribuição muito importante de Saussure para os estudos linguísticos é a dicotomia *significado* e *significante*. Em resumo, o significado está arbitrariamente ligado ao significante. Essa relação ficou conhecida como princípio da arbitrariedade linguística. Em exemplos aplicáveis, o que isso quer dizer? Em linhas gerais, isso quer dizer que os nomes das coisas não se parecem com seu formato, mas são atribuídos a elas de maneira arbitrária ou quase, por assim dizer, aleatória.

Assim, vamos observar um exemplo que pode ilustrar as formulações das dicotomias encontradas em Saussure e que, em geral, costuma aparecer como referência principal para o início dos estudos do *Curso de linguística geral*.

Figura 4.2 – Compreendendo o signo linguístico

![Figura 4.2 - Compreendendo o signo linguístico: Significante (m-e-s-a) e Significado (imagem de mesa); SIGNO composto por Imagem acústica/Significante (s-a-p-o) e Conceito/Significado (imagem de sapo).]

Maquiladora/Shutterstock

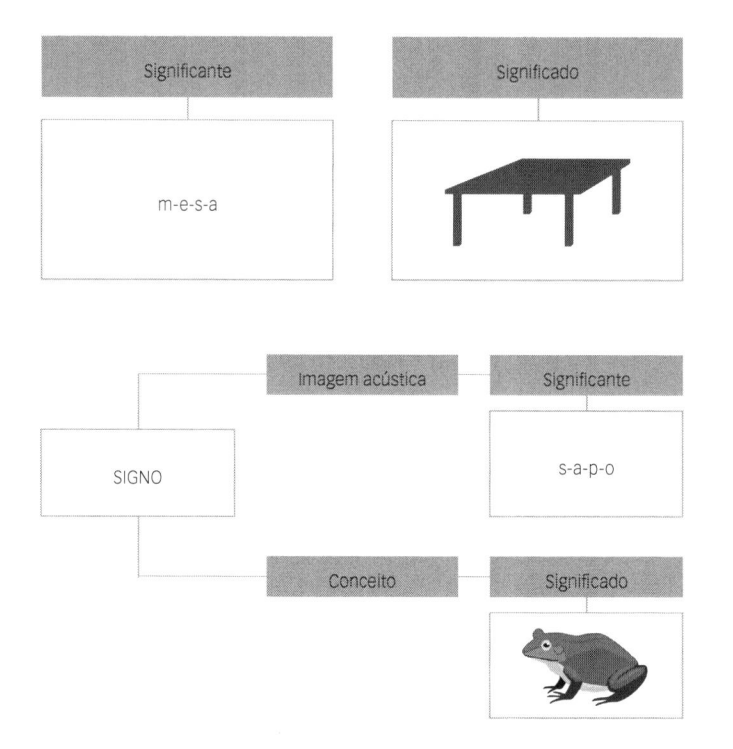

Os signos seriam compostos, de acordo com Saussure, por uma **imagem acústica** (os sons agrupados e emitidos) denominada *significante* e pelo **conceito**, ou seja, por aquilo que os signos são no mundo. Ele constata, então, que as palavras *sapo* e *mesa* ou quaisquer outras não guardam qualquer relação entre o nome que recebem e o formato que têm. Daí o conceito de **arbitrariedade**: os nomes seriam dados às coisas por outras circunstâncias, não pela forma que elas possuem.

quatropontodois
Funcionalismo

É preciso tomar certo cuidado com as concepções que estruturalismo e funcionalismo podem receber em ciências diferentes. Em antropologia, por exemplo, geralmente são conceitos empregados em oposição, em contraste. Já em linguística, o **funcionalismo** é tratado como um movimento que pertence ao estruturalismo. E como podemos, então, defini-lo? Trata-se de um movimento que considera as estruturas fonológica, gramatical e semântica determinadas pelas funções que exercem.

Em 1926, foi fundado o Círculo Linguístico de Praga, cujos membros eram os representantes mais conhecidos da corrente funcionalista. A grande dissidência dessa corrente em relação às perspectivas estruturalistas de Saussure era a distinção entre linguística sincrônica e diacrônica, tão enfática para o linguista suíço. No entanto, a grande revelação feita pelo Círculo de Praga se deu em relação à fonologia, com a concepção dos traços distintivos. Foram eles os responsáveis por consolidar a explicação de que, por vezes, alguns traços (como acento, tom e duração) não são distintivos, mas sinais de fronteira (nomenclatura apresentada pelo Círculo), ou seja, eles não servem para diferenciar, por exemplo, uma pronúncia de outra, mas são demarcadores da coesão entre as unidades fonológicas.

> **Importante!**
>
> É essencial considerar que cada língua tem à disposição do falante uma série de recursos fonológicos para expressar sentimentos.

Outro aspecto em que os linguistas de Praga se destacaram foi em relação à perspectiva funcional das sentenças (algo que vimos anteriormente de maneira breve). Por exemplo:

a. Hoje à noite vamos a uma festa.
b. Vamos a uma festa hoje à noite.

Quais são as constatações apresentadas por eles a partir de duas sentenças como essas? A primeira constatação é de que, do ponto de vista do significado, elas contêm as mesmas informações. A segunda, no entanto, revela que mesmo apresentando significado igual, elas não são intercambiáveis na língua, ou seja, elas são proferidas e empregadas em contextos diferentes. A escolha está relacionada com o que se quer apresentar ao interlocutor como dado sabido e preestabelecido e o que se quer apresentar como informação nova.

Podemos concluir, pelas situações apresentadas, que o funcionalismo contribuiu para que se estudasse mais o caráter instrumental da linguagem. Com base nessa afirmação, é possível inferir ainda que o funcionalismo apresenta afinidades com os estudos sociolinguísticos, mas diverge do gerativismo, como veremos a seguir.

quatropontotrês
Gerativismo

O gerativismo é uma corrente de pensamento linguístico que não pode ser dissociada de seu desenvolvedor, o linguista norte-americano Noam Chomsky (1928-). Sua abrangência ultrapassou a fronteira dos estudos linguísticos e acabou por influenciar outras áreas relacionadas à linguagem, como a filosofia e a psicologia. A síntese mais referida em relação à definição de gerativismo é a de que ele teria o compromisso com a utilidade e a viabilidade de descrever as línguas humanas por meio das gramáticas gerativas.

Um exemplo para ilustrar a proposição defendida pelos gerativistas é a aquisição de fala pela criança, que, segundo a teoria, constrói sua gramática a partir do que ouve e do que tem de inato. Esses elementos ajudam a entender um pouco a **gramática universal**, proposta pelos gerativistas, que propõe a caracterização abstrata da língua humana para estabelecer o que pode variar (os parâmetros) e o que não pode (os princípios). Assim, haveria estruturas a serem preenchidas, por exemplo, com base na linguagem que a criança vai adquirindo com o passar do tempo.

No entanto, vários estudos mostraram que o ambiente em que a criança está inserida não é suficiente para explicar o processo de aquisição da linguagem. Além disso, principalmente no que se refere à aquisição de segunda língua, o modelo apresenta problemas metodológicos (como o de aquisição de 2ª língua por adultos e a definição de quando começa a idade adulta); de domínio da teoria (pois exclui da pesquisa o uso da língua, já que a preocupação é analisar competências gramaticais desenvolvidas a partir de um conhecimento inato e abstrato); e teóricos (os resultados não permitem definir se os participantes da pesquisa estão se comportando, de fato, de acordo com os parâmetros da gramática universal).

Como se pode ver, escolher a teoria gerativista para explicar fenômenos de aquisição de linguagem implica desconsiderar uma série de outros aparatos teóricos. Isso não é incomum em qualquer ciência, mas talvez o que torne essa explicação mais reticente seja justamente abandonar elementos relacionados à língua e seu uso.

Mas vamos a um exemplo que pode ajudar a perceber um pouco das dificuldades de leitura das teorias, dependendo do que desejamos escolher para explicar certas construções: "A menino comeu o sorvete do menina". Se considerarmos essa sentença sem contexto, como poderia ser a proposta da recursividade gerativa, ela estaria de acordo com os elementos disponíveis para formação de sentenças na língua. No entanto, quando fazemos a abordagem do que seria a língua em uso, percebemos que as combinações entre artigos e substantivos precisa seguir o mesmo gênero em português. Talvez esse seja o primeiro obstáculo para tornar a utilização dessa corrente teórica mais plausível.

Definido pelo próprio Chomsky como um retorno a perspectivas mais antigas e tradicionais da linguagem, o gerativismo foi o responsável por discutir a propriedade da recursividade das línguas. Trata-se de conceber os sistemas linguísticos como produtivos no sentido de que admitem a construção e a compreensão de enunciados novos, que não haviam ocorrido antes naquele sistema. Esse foi um dos pontos que fez Chomsky criticar a opinião generalizada de que as crianças aprenderiam a língua materna reproduzindo os enunciados proferidos pelos adultos.

Em outras palavras, para Chomsky, os falantes, independentemente da idade, criam enunciados novos que são compreendidos pelos outros, o que será uma questão importante para se discutir nas teorias de aquisição de linguagem, justamente por parecer a maior contribuição do gerativismo até nossos dias.

quatropontoquatro
Movimentos da linguística contemporânea

Atualmente, no século XXI, temos que considerar desde a primeira especulação de que se tem registro acerca da linguagem até as últimas perspectivas relacionadas aos estudos linguísticos. Um pesquisador ou professor deve procurar estar sempre inteirado de como determinados aspectos da linguagem são discutidos ou caracterizados contemporaneamente. É claro que isso requer estudo constante e abandono de perspectivas únicas para o tratamento de fatos linguísticos.

Muitas são as publicações especializadas, pois agora temos a contribuição do advento das ferramentas de busca na internet para que os estudos linguísticos sejam difundidos. Nesse panorama, uma das configurações que tem se mostrado muito produtiva e abordada é a do ensino de língua sob a perspectiva dos **gêneros textuais**. Para que se possa compreender e trabalhar com essa concepção, é preciso, primeiramente, saber de onde partiram as primeiras considerações a respeito e como elas foram se desdobrando.

As definições de gêneros textuais e sua utilização no ensino de língua não são novas, mas há muitas ações e reflexões que ainda precisam ser feitas a fim de que possamos atingir um patamar de excelência no uso dos gêneros como ferramentas para o ensino. É pela leitura da obra *Estética da criação verbal*, de Mikhail Bakhtin, que teremos contato com reflexões elaboradas sobre os gêneros do discurso. Nessa obra, o autor elaborou a definição de tipos relativamente estáveis para os enunciados que compõem cada gênero discursivo, afirmando serem infinitas as possibilidades de criação de novos gêneros, já que são inesgotáveis as possibilidades da atividade humana.

Podemos até mesmo arriscar dizer que o desenvolvimento mais enfático de teorias do texto se deu pela demanda crescente, já que a produção de textos ou a elaboração de redações passou a ser parte obrigatória dos processos seletivos, vestibulares e Enem (mais recentemente). Daí a grande quantidade de estudos relacionados à linguística no ensino de línguas, por exemplo, empregar os gêneros textuais.

Outro movimento que se tornou bastante comum foi o da **linguística aplicada**, que surgiu como um ramo que se dedica a estudar a linguagem como prática social. Isso vale tanto no contexto de aprendizado de língua materna quanto no de língua estrangeira.

Durante muito tempo, a linguística aplicada foi vista como uma tentativa de aplicar as teorias linguísticas ao ensino de línguas. Evidentemente, é preciso ampliar essa concepção para as diversas maneiras como podem ser tratados os usos que se faz da linguagem no mundo real, no cotidiano dos falantes.

A história da linguística aplicada no Brasil pode ser sintetizada como voltada à análise contrastiva nos anos 1970, à leitura nos 1980 e ao ensino de línguas estrangeiras nos 1990. Do final dos anos 1990 até nossos dias, a linguística aplicada ampliou suas perspectivas de abordagem para cerca de vinte divisões diferentes, entre elas as relacionadas diretamente com teorias de ensino de escrita para fins específicos de comunicação.

Além da linguística aplicada, que tem se especializado em uma série de contextos, há uma vasta produção em estudos de gramática e léxico, análise e teorias do discurso, além da filologia.

Neste momento, parece interessante considerar os aspectos relacionados à filologia e às teorias do discurso. No que tange à **filologia**, é possível afirmar que já a praticamos um pouco, principalmente quando, ao longo de nossos estudos, trabalhamos com a concepção e o desenvolvimento das famílias linguísticas. Trata-se de uma área dos estudos linguísticos que analisa documentos escritos antigos e trabalha a interpretação e a edição desses textos. É graças aos estudos filológicos que temos, por exemplo, documentos recuperados que revelam fontes escritas no latim vulgar.

Já nos estudos de **análise do discurso**, principalmente por conta de sua ampla produtividade na contemporaneidade, vamos nos deter um pouco mais. Antes de qualquer abordagem sobre a expressão *análise do discurso*, é preciso considerar com cautela o que compreendemos por discurso. Não é incomum encontrarmos dificuldade, quando estudamos essa parte da linguística, em entender a que tipo de suporte estamos nos referindo, ou, em questões mais diretas, saber quem profere discursos.

Se considerarmos a definição mais conhecida de *discurso*, podemos pensar que se trata de analisar a fala proferida por políticos na tribuna, embora *discurso* tenha uma definição bem mais ampla: trata-se de um suporte abstrato que sustenta os vários textos concretos que circulam em uma sociedade.

E como a **ideologia** se relaciona com o discurso? Considerando que a ideologia é um conjunto de representações dominantes de uma classe dentro de uma sociedade e que há várias classes dentro dessa mesma sociedade, então, há ideologias em conflito permanente, aparecendo e dando respaldo à produção dos mais diversos discursos. A partir desse conceito, pode-se chegar a outro, que se refere ao processo de formação discursiva dos indivíduos em uma sociedade: o que se pode e deve dizer em determinada época em uma sociedade específica. Para alguns teóricos, a ideologia teria um poder ilusório de fazer com que os indivíduos de uma sociedade se sentissem livres para dizer o que quisessem.

A expressão e a conceituação de análise do discurso passaram a fazer parte dos estudos linguísticos a partir dos anos 1970, quando ocorreu a transição de uma linguística da frase para uma linguística do texto. Ao considerarmos a perspectiva histórica, no entanto, podemos remontar esse estudo aos estudos de retórica grega, mais de dois mil anos atrás. E é justamente pela abrangência do objeto "texto" que a análise do discurso pode tomar caminhos tão diversos em seu emprego. Para dar bastante clareza às noções aqui apresentadas, podemos citar a abordagem de José Luiz Fiorin (1990, p. 176-177):

> *o discurso deve ser visto como objeto linguístico e como objeto histórico. Nem se pode descartar a pesquisa sobre os mecanismos responsáveis pela produção do sentido e pela estruturação do discurso nem sobre os elementos pulsionais e sociais que o atravassam [sic]. Esses dois pontos de vista não são excludentes nem metodologicamente heterogêneos. A pesquisa hoje precisa aprofundar o conhecimento dos mecanismos sintáxicos e semânticos geradores de sentido; de outro, necessita compreender o discurso como objeto cultural, produzido a partir de certas condicionantes históricas, em relação dialógica com outros textos.*

Pelas informações apresentadas nas definições de Fiorin, é possível desdobrar alguns elementos que pertencem à análise do discurso. Podem ser observadas as menções à enunciação e ao enunciado, aos recursos de persuasão e aos temas e figuras utilizados. A enunciação pode ser percebida pelas "pegadas" deixadas na produção do texto ao longo do que é enunciado. A voz do texto, por exemplo, nem sempre é a do autor – nesse caso, estão em evidência os procedimentos empregados e os efeitos de sentido desejados.

Vamos exemplificar com um texto bastante recorrente: as notícias de jornal. Nelas, é comum que o enunciador procure construir um efeito de objetividade, distanciando-se do discurso, para gerar a imparcialidade. Os recursos empregados por ele para a obtenção desses propósitos são a 3ª pessoa, tempo e espaço circunscritos a um recorte afastado e a utilização, quando possível, do discurso direto colhido no local para dar veracidade ao que é relatado. Por outro lado, nos romances policiais, por exemplo, o que se vê é a busca pela parcialidade, o uso da 1ª pessoa, que concorre para a criação de suspense e auxilia no processo de criação de cumplicidade com o leitor. Outra perspectiva muito importante que faz o texto funcionar como processo de produção e recepção é o conjunto de noções partilhadas que detêm enunciador e enunciatário. É esse conhecimento de mundo partilhado que permite a identificação pelo discurso.

Para os nossos dias, algo que não se pode deixar de considerar sobre a análise do discurso é que ela é responsável por tentar entender e explicar como se constrói o sentido de um texto e de que maneira esse mesmo texto se relaciona com a história e a sociedade que o produziu. Ela é hoje um instrumento poderoso para o ensino de língua portuguesa, já que permite a reflexão sobre as estruturas e a geração de sentido.

A compreensão do discurso pode, sem dúvida, levar os alunos a compreenderem que sua voz pode ser construída com crítica e inventividade.

Síntese

Neste capítulo, abordamos as principais escolas linguísticas dos séculos XX e XXI, começando pelo historicismo e terminando pela análise do discurso.

Embora o historicismo seja uma teoria do século XIX, nós o abordamos para compreender melhor o estruturalismo de Saussure. De maneira geral, ao contrário da perspectiva estruturalista, que aborda o sistema linguístico a partir de uma perspectiva sincrônica, o historicismo promove uma percepção diacrônica: as línguas são como as conhecemos hoje porque, com o passar do tempo, sofreram interferências internas e externas que provocaram transformações.

Para compreender melhor o estruturalismo saussuriano, abordado brevemente em outros capítulos, retomamos os conceitos de significante (conjunto de sons empregados na formulação de um signo) e significado (o conteúdo definido pelo signo). Em seguida, conhecemos os termos *langue* (língua) e *parole* (fala), que compreendem, respectivamente, a língua de uso coletivo e a de uso individual, e também os eixos que constroem a língua: o paradigma (eixo vertical) e o sintagma (eixo vertical).

Outras teorias abordadas no capítulo foram: o funcionalismo, que é uma espécie de ramo dissidente do estruturalismo que considera a estrutura fonológica, gramatical e semântica pelas funções que exercem; o gerativismo, que é a corrente de estudos fundada por Chomsky, cujo compromisso é a utilidade e a viabilidade de descrever as línguas humanas por meio de gramáticas gerativas (além de ter contribuído com as abordagens de aquisição de linguagem, que serão vistas no próximo capítulo); e a análise do discurso, que é a teoria responsável por tentar entender e explicar como se constrói o sentido de um texto e de que maneira esse mesmo texto se relaciona com a história e a sociedade que o produziu.

Por fim, vimos duas abordagens muito importantes nos movimentos contemporâneos, principalmente no ensino de línguas: a linguística aplicada e o emprego de gêneros textuais em perspectiva didática.

Indicações culturais

BAKHTIN, M. **Estética da criação verbal**. 6. ed. São Paulo: M. Fontes, 2011.

Essa obra é muito citada por estudiosos da linguagem, principalmente por estimular a reflexão sobre as relações entre quem produz e quem recebe um texto, ou quem produz um texto como resposta a alguém: O que tem em mente? Que figura de leitor idealizada se apresenta? Trata-se, enfim, de uma obra essencial à compreensão das atividades da linguística contemporânea relacionada ao texto.

GIL, B. D.; CARDOSO, E. de A.; CONDÉ, V. G. (Org.). **Modelos de análise linguística.** São Paulo: Contexto, 2009.

A diversidade de autores e textos estudados nas análises apresentadas nesse livro são os elementos que mais chamam a atenção do leitor. A intenção de auxiliar os estudantes de Letras a conhecer e escolher diferentes modelos de análise linguística, dependendo da área a ser desenvolvida em seus estudos (gramática, léxico, discurso e filologia), é uma forma prática e concreta de colocar os estudantes diante de problemas de linguagem existentes no cotidiano.

Atividades de autoavaliação

1. Suponha que você faz parte de uma banca corretora de textos de um concurso. Nesse processo, você percebeu que os principais erros do grupo de candidatos foram de ortografia, pontuação e ligação entre as ideias. A partir dessas informações e com base no que já tratamos nos vários capítulos estudados até agora, você resolveu desenvolver um material que ajude os estudantes a melhorarem seu desempenho nesse sentido.

    Com base nas informações dessa situação-problema, é possível afirmar que a parte da linguística destinada às ações que você pretende desenvolver é a:
    a. sociolinguística.
    b. linguística histórica.
    c. gramática histórica.
    d. linguística aplicada.

2. Em geral, a língua escrita costuma ser mais padronizada do que a falada. Isso quer dizer que uma gíria, um estrangeirismo ou uma analogia encontram espaço mais facilmente:
   a. na escrita.
   b. na oralidade.
   c. em grupos de falantes estigmatizados.
   d. entre linguistas.

3. Leia o trecho a seguir.

   > Outras ciências trabalham com objetos dados previamente e que se podem considerar, em seguida, de vários pontos de vista; em nosso campo, nada de semelhante ocorre. Alguém pronuncia a palavra nu: um observador superficial será tentado a ver nela um objeto linguístico concreto; um exame mais atento, porém, nos levará a encontrar no caso, uma após outra, três ou quatro coisas perfeitamente diferentes, conforme a maneira pela qual consideramos a palavra: como som, como expressão de uma ideia, como correspondente ao latim nudum etc.

   FONTE: Saussure, 1969, p. 15.

   Agora, analise as seguintes afirmações sobre as informações apresentadas por Saussure:
   I. Quando Saussure comenta que *nu* é proveniente de *nudum*, ele está analisando mudanças históricas.
   II. Quando Saussure analisa *nu* como som, o que passa a estar em evidência são as informações fonéticas.

III. Quando Saussure apresenta *nu* como expressão de uma ideia, o que fica evidente é a semântica.

IV. Um dado linguístico independe do enfoque com o qual é tratado: será sempre o mesmo objeto de estudo.

Está correto somente o que se afirma em:

a. I, II e III.
b. II, III e IV.
c. III e IV.
d. II e IV.

4. (Enade, 2014) Os casos de interpretação ambígua em textos jornalísticos ocorrem muitas vezes porque o leitor só lê a manchete, não o texto total. Considerando o exposto, avalie as manchetes transcritas a seguir:

I. Jovem tenta assaltar PM com arma de brinquedo e é baleado na zona sul de SP. (http://noticias.r7.com)

II. A ONU está à procura de um técnico para ocupar o cargo de diretor daquele centro de estudos sobre a pobreza que vai instalar no Rio. (http://pagina20.uol.com.br)

III. Macarrão levou Eliza Samudio para ser morta por amar Bruno, diz advogado do goleiro. (http://noticias.uol.com.br)

IV. Governo inclui vacina contra hepatite A no calendário de vacinação do SUS. (http://g1.globo.com)

É correto afirmar que há ambiguidade apenas em:

a. I e IV.
b. II e III.
c. III e IV.

d. I, II e III.
e. I, II e IV.

5. Várias são as campanhas do Governo Federal e do Ministério da Saúde para coibir a combinação entre consumo de álcool e direção. A frase utilizada nessas campanhas é "Se beber, não dirija". Com base na abordagem funcionalista, observe as frases a seguir.

> Se beber, não dirija.
> Se dirigir, não beba.

Ambas têm o mesmo significado, mas apareceriam em contextos diferentes, já que:
a. uma delas permite associar bebida e direção.
b. a ênfase dada às ações é diferente em cada uma delas.
c. são orientações para faixas etárias diferentes.
d. são compostas por estruturas que indicam permissão.

Atividades de aprendizagem

Questões para reflexão

1. Leia o trecho a seguir, pertencente ao conto *Do rigor da ciência*, de Jorge Luis Borges:

> Naquele Império, a Arte da Cartografia logrou tal perfeição que o mapa de uma única Província ocupava toda uma Cidade, e o mapa do império, toda uma Província. Com o tempo, esses Mapas Desmedidos não satisfizeram e os Colégios de Cartógrafos levantaram um Mapa do Império, que tinha o tamanho do Império e coincidia pontualmente com ele. Menos Adictas ao Estudo da Cartografia, as Gerações Seguintes entenderam que esse dilatado Mapa era Inútil e não sem Impiedade o entregaram às Inclemências do Sol e dos Invernos. Nos desertos do Oeste perduram despedaçadas Ruínas do Mapa, habitadas por Animais e por Mendigos; em todo o País não há outra relíquia das Disciplinas Cartográficas.

FONTE: Borges, 1960.

Se compararmos a cartografia com a linguística, como podemos refletir sobre a utilização das teorias linguísticas para explicar certos fatos?

2. Um dos fatores relevantes para se fazer a leitura global de um texto é a intertextualidade, ou seja, a interação ou o diálogo entre textos. Leia os versos iniciais dos dois poemas a seguir:

> Poema de sete faces
> Quando nasci, um anjo torto
> desses que vivem na sombra
> disse: Vai, Carlos! ser gauche na vida.

FONTE: Andrade, 1983.

> **Com licença poética**
> Quando nasci um anjo esbelto,
> desses que tocam trombeta, anunciou:
> vai carregar bandeira.

FONTE: Prado, 2003.

Agora explique, com base na percepção do que há de semelhante e diferente entre os dois, a interpretação que se pode fazer.

Atividade aplicada: prática

1. Escolha um editorial de jornal, leia-o atentamente e, em seguida, elabore um plano que contenha as principais abordagens que você faria em relação ao conteúdo e à estrutura para uma turma de qualquer série do ensino médio. Como você apresentaria o conteúdo? Que elementos da linguagem você destacaria e como o faria com sua turma? Se você tivesse de escolher uma teoria de análise linguística para dar suporte à sua explicação, qual escolheria? Por quê? Lembre-se de organizar as respostas, estabelecer relações de causa e consequência etc. (não se esqueça de que você está fazendo uma leitura global do texto, mas isso não quer dizer superficial). Ao responder com cuidado a todas essas perguntas, você estará elaborando a estrutura de um plano de aula, algo de que você precisará em algum momento de suas atividades. Bom trabalho!

um   O que é a linguística?
dois   Os sons, a gramática e a semântica
três   Características da língua: mudança
         e variação
quatro   Movimentos das linguísticas moderna
         e contemporânea
cinco **Mente e linguagem**

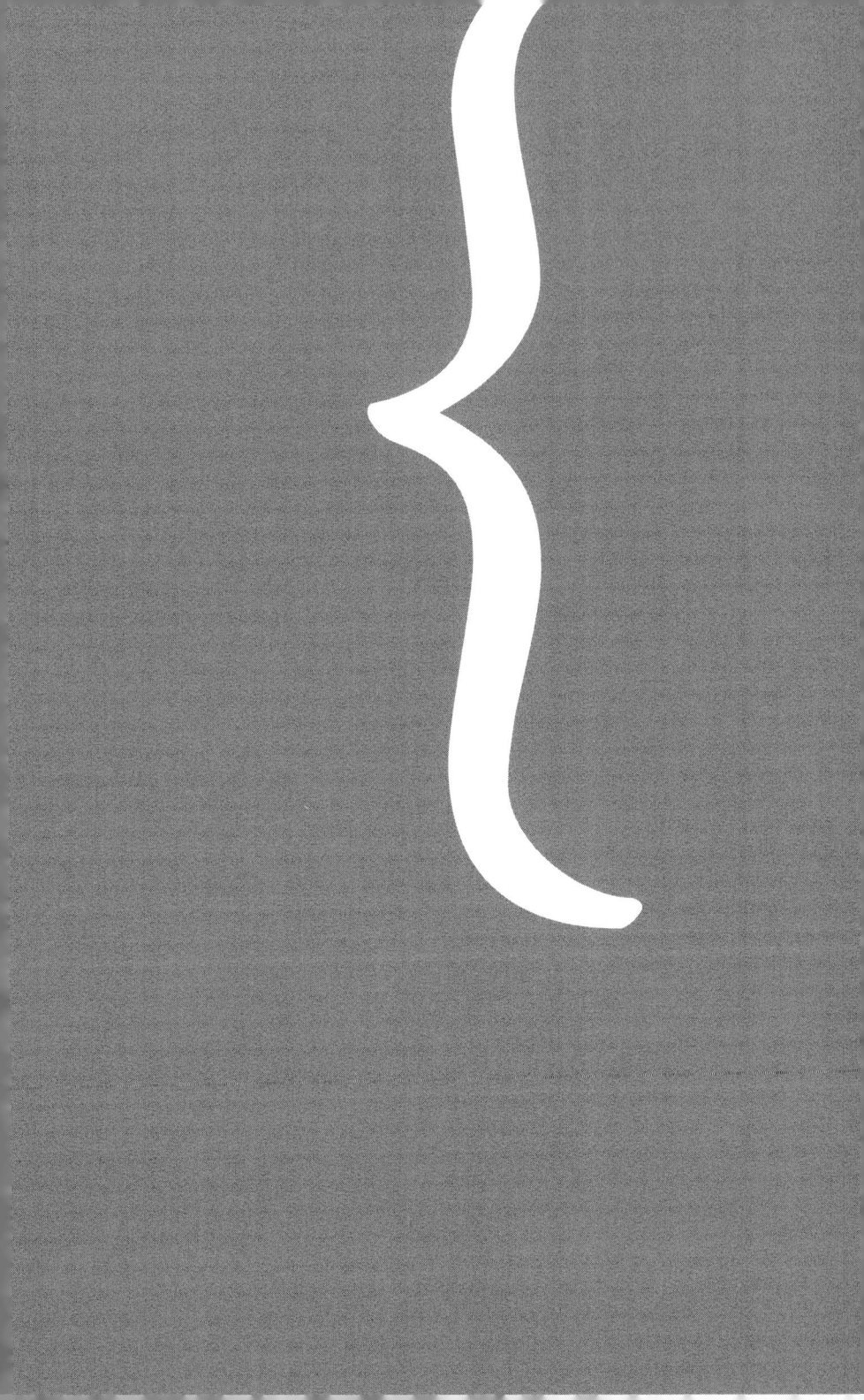

{

❰NESTE ÚLTIMO CAPÍTULO, traremos um momento dos estudos linguísticos que costuma gerar maior curiosidade: a relação entre linguagem e mente. Conhecemos pouco nossas capacidades cerebrais, inclusive no que se refere à linguagem. Assim, não pretendemos com esse capítulo esgotar o tema, mas despertar a atenção dos leitores para assuntos relacionados à mente, a fim de gerar hipóteses e fazer constatações a respeito.

cincopontoum
A gramática universal

Desde a Antiguidade Clássica, a relação entre fala e pensamento era vista como bastante estreita pelos filósofos que se ocupavam em fazer indagações sobre a linguagem. Algo bem concreto já favorecia essa relação: a palavra *logos*, intimamente relacionada às ações de falar e dizer, pode ser traduzida, observando-se o contexto de ocorrência, como *raciocínio* ou *discurso*.

Ao longo dos séculos, desde as primeiras especulações sobre as relações entre filosofia e linguagem feitas pelos filósofos gregos, houve momentos em que a busca por um conceito de **gramática universal** se tornou mais intensa. Isso ocorreu nos séculos XIII e XVIII, quando se buscou explicar filosoficamente as relações entre gramática e lógica.

Uma ruptura significativa ocorreu no século XIX, quando os linguistas passaram a analisar com mais desconfiança essa relação tão evidenciada entre lógica e gramática. O cenário da dúvida era fomentado por duas situações bastante relevantes: de um lado, havia a percepção de que as línguas tinham um número bem maior de estruturas do que se supunha até então; de outro, os estudos diacrônicos explicavam as estruturas linguísticas por sua transformação temporal, e não por suas relações com a filosofia.

> **Preste atenção!**
>
> Em relação ao uso da palavra *mente*, é importante perceber que se trata de uma palavra de uso recorrente para significar *razão*, *pensamento*, *entendimento*, *inteligência* e outras denominações do gênero. No entanto, essa definição tem sido empregada com outros significados em filosofia e em psicologia. Nesse sentido, é importante perceber que o significado de *mente* se amplia para definições como sentimentos, memória, emoções e vontade, o que relaciona o conceito de mente ao corpo que habita – uma questão filosófica permanente e abordada sob os mais diversos pontos de vista.

É na segunda metade do século XX que a ideia de gramática universal foi retomada, desta vez por Noam Chomsky (1928-) e seus seguidores, mas como parte dos estudos relacionados ao gerativismo (já mencionado no Capítulo 4). Para Chomsky, o estudo empírico da linguagem pode oferecer mais contribuições para a filosofia da mente do que a lógica tradicional e a filosofia da linguagem poderiam trazer para a linguística. Nesse sentido, ele integra a corrente de pensadores que se posicionam a favor do **mentalismo**, ou seja, de que a mente existe e de que se trata de uma explicação que é requerida pelos estudos da linguagem, já que **aquisição e uso da linguagem** não podem ser explicados unicamente por evidências fisiológicas.

Assim, se por um lado o behaviorismo* pretende explicar todos os aspectos relacionados ao comportamento, inclusive a fala, com base em processos fisiológicos e deterministas, por outro, o mentalismo de Chomsky advoga o abandono dessas explicações. Além disso, o mentalismo é o responsável pela ampliação da autonomia dos estudos linguísticos, sem que haja necessidade de uma relação da linguística com outras ciências consideradas anteriormente mais básicas.

O que mais nos interessa em relação à abordagem proposta por Chomsky é sua concepção de como se dá a **aquisição do conhecimento**. Se voltarmos de maneira bem sucinta ao que já se observou sobre isso, teremos, de um lado, os **racionalistas**, representados por René Descartes (1596-1650), que apoiou o papel da razão na aquisição do conhecimento; e, do outro, os **empiristas**, representados por John Locke (1632-1704) e David Hume (1711-1776), que defenderam a importância dominante da experiência (dos dados sensoriais).

E em que lado Chomsky fica nessa abordagem? Como você deve ter percebido pelas revelações anteriores a respeito da maneira empregada por ele para explicar as relações entre mente e linguagem, ele fica do lado dos racionalistas. Seu posicionamento defende a aquisição do conhecimento por princípios inatos,

---

* O behaviorismo é uma área da psicologia que surgiu em oposição ao funcionalismo e ao estruturalismo. A palavra surge do inglês *behavior* (comportamento). Em relação aos estudos da linguagem, o behaviorismo foi empregado para explicar a comunicação com base em estímulos observáveis e respostas produzidas pelos falantes em situações específicas. É possível dizer, por exemplo, que behaviorismo e mentalismo (de Chomsky) são uma dicotomia.

observando que a mente não é uma *tabula rasa* (pedra lisa), mas, como afirmou Gottfried Wilhelm Leibniz (1646-1716), um bloco de mármore: ela apresenta restrições por sua estrutura, mas pode ser talhada de várias maneiras.

Para restringir um pouco mais nossa abordagem, vamos recortar, dentro da aquisição do conhecimento, o que diz respeito à **aquisição da linguagem**. Para muitos estudiosos, a aquisição da língua materna – o aprendizado das palavras e seus significados – estaria intimamente relacionada à aquisição de conhecimento de maneira geral, já que o conceito tradicional de aquisição de conhecimento restringe-se à descoberta ou à formação de novos conceitos, o que seria traduzido por aprendizado do significado de novas palavras. No entanto, para os racionalistas e para Chomsky, o ser humano teria a capacidade inata (genética) de formar alguns conceitos em lugar de outros e essa formação de conceitos seria uma prerrogativa para a aquisição do significado das palavras.

Então, o que há de diferente na proposta de Chomsky em relação ao que já haviam concebido os racionalistas*? São dois desdobramentos mais profundos que ele propõe a partir da concepção de que a razão tem papel fundamental na aquisição da linguagem. O primeiro ponto diz que a aquisição da estrutura gramatical de uma língua requer explicação do processo de combinar o significado de uma palavra com sua forma. Pelo segundo desdobramento, entendemos a natureza da linguagem, bem como seu processo de aquisição, como sendo inexplicáveis caso não se

---

* Para os racionalistas, o processo de aquisição não ocorre apenas pela experiência, como creem os behavioristas, mas o indivíduo participa desse processo.

considerasse o pressuposto de que há uma faculdade inata de aquisição da linguagem.

Vamos exemplificar para essas noções ficarem mais concretas? Vejamos: Chomsky, ao tecer considerações a favor do inatismo, explora também a ideia de dependência de estrutura. Assim, vejamos as seguintes sentenças:

> Maria comeu o bolo.
> O bolo foi comido por Maria.

Nos dois casos, tanto na voz ativa, quanto na passiva, Maria realizou a ação de comer o bolo, por isso as sentenças são consideradas semelhantes. Ou seja, as sentenças de uma língua têm semelhança ao serem produzidas na voz ativa (Maria comeu o bolo) ou na voz passiva (O bolo foi comido por Maria). Isso ocorre à medida que podem obedecer a marcadores sintagmáticos, por exemplo, sendo possível identificar quem realiza a ação nas duas maneiras de relatar a situação.

E esse processo é estendido por Chomsky para uma semelhança entre as sentenças que ocorrem nas línguas de maneira geral. Esse é o ponto mais concreto da ideia de universais linguísticos apresentada por ele.

cincopontodois
O papel do cérebro na linguagem

Por estarmos em um capítulo que trata das relações entre mente e linguagem, não poderíamos deixar de mencionar o cérebro como órgão que desempenha o papel mais significativo nesse processo.

> **Importante!**
>
> Sem querer aprofundar as especificações ou análises anatômicas desse órgão, para a abordagem que desejamos fazer aqui, é importante saber que o cérebro se divide em hemisférios e que o da esquerda é quem controla a linguagem, independentemente se a pessoa é destra ou canhota – situações diferentes ocorrem em caráter de exceção. Essa informação é importante, porque a especialização de um hemisfério para determinada função é conhecida como *lateralização*. Essa especialização carece de maturação, ou seja, vai acontecendo com o passar do tempo e pode variar de um indivíduo a outro. Parece ser um processo apenas dos humanos, que tem início aproximadamente aos dois anos de idade e se completa entre os cinco anos ou pode ir até o início da puberdade.

Quando se trata da lateralização como uma condição para a aquisição da linguagem nos seres humanos, há uma aceitação ampla apoiada principalmente na percepção de que a aquisição começa e termina praticamente ao mesmo tempo em que ocorre a lateralização. Colabora para a aceitação desse fato a percepção de que se torna progressivamente mais difícil adquirir a linguagem depois da idade em que a lateralização está completa. Frequentemente, as teorias de aquisição de linguagem costumam denominar idade crítica o período limite para a aquisição da linguagem pela criança com domínio total dos recursos disponíveis. Essa ideia não é aceita de maneira inquestionável, mas há cada vez mais exemplos que ajudam a consolidar sua veracidade.

Um dos primeiros exemplos relatados nos compêndios de linguística é o da jovem Genie, descoberta por assistentes sociais de Los Angeles em 1970. A garota tinha 13 anos e havia sido criada pelos pais totalmente isolada do mundo e, toda vez que fazia algum barulho ou emitia algum som, apanhava. A consequência mais imediatamente perceptível era que a menina não sabia falar. Atendida por psicólogos e linguistas especializados em aquisição de linguagem, a menina progrediu rapidamente. Até aí, parece que a hipótese da idade crítica estaria em xeque. No entanto, ainda que tenha uma boa memória para vocabulário e outros aspectos da linguagem, a menina não compreendia estruturas gramaticais do inglês que não fossem extremamente simples. Assim, o exemplo de Genie confirma a hipótese da idade crítica e consolida a opinião de que a aquisição da linguagem é independente de outras habilidades intelectuais.

Até aqui, tratamos do processo de lateralização em linhas gerais. No entanto, ainda que não queiramos trabalhar com especificidades biológicas muito restritas, é importante considerar algumas relações específicas entre a lateralização e a aquisição de linguagem, além da exemplificação que já vimos.

Atualmente já se sabe que o hemisfério direito é capaz de interpretar palavras isoladas, mas não é eficiente na interpretação de sintagmas gramaticais mais complexos. Cabe ao hemisfério esquerdo, por exemplo, lidar com os sons da fala. Isso pode nos levar a constatar que a parte mais linguística da linguagem está associada ao hemisfério esquerdo, enquanto a parte mais musical, como o reconhecimento de entonação, está sob responsabilidade do hemisfério direito. Essas constatações também nos levam a crer que são os componentes de responsabilidade do hemisfério esquerdo que precisam ser adquiridos antes da chamada *idade crítica*.

Para resumir a abordagem que acabamos de fazer sobre linguagem e cérebro, bem como as considerações chomskianas a respeito da linguagem, é possível identificar claramente que Chomsky interpreta a linguagem como uma capacidade exclusivamente humana, distinta das demais faculdades mentais. No entanto, não podemos deixar de constatar também que filósofos e psicólogos continuam divididos no que tange à existência ou não de uma faculdade de linguagem geneticamente transmitida.

cincopontotrês
Aquisição de linguagem

Você pode se perguntar, a essa altura do capítulo, se há diferença entre aquisição e aprendizado de linguagem, principalmente depois de termos abordado os pressupostos teóricos formulados por

Chomsky e conhecido a história da garota Genie. Essa pergunta é bastante pertinente, afinal, temos a possibilidade de empregar esses dois conceitos como sinônimos?

A questão não está relacionada ao mecanismo, mas ao significado que essas duas ações podem ter em psicologia. E é justamente por isso que damos preferência pelo termo *aquisição*, que é mais neutro. Nesse ponto, pode ser que surja outra dúvida: se a ação de adquirir parte do princípio de que está se buscando algo que ainda não se tem, então como fica o inatismo de Chomsky? Tem razão quem faz essa consideração, pois essa definição também levaria a uma abordagem parcial. No entanto, esse é o termo escolhido e aceito para dar mais neutralidade à nomenclatura. Então, faremos uso da expressão *aquisição de linguagem*.

Uma das afirmações mais recorrentes quando se começa uma abordagem sobre linguagem é de que não se pode ter ou usar a linguagem sem que se tenha ou se use uma determinada língua. Isso leva a considerar o uso da expressão *aquisição da linguagem* como referente aos dois aspectos: adquirir a linguagem e adquirir uma língua.

> ### Importante!
> A expressão *aquisição da linguagem* é amplamente aceita para denominar o processo que resulta no conhecimento de uma língua nativa, concebendo-se a aquisição de uma língua estrangeira, realizada ou não na escola, como uma situação bastante diferente.

Para exemplificar um pouco as diferentes relações de aquisição da linguagem em relação à língua materna ou a outras línguas, é importante compreender algumas situações. As crianças, de maneira geral, adquirem a língua falada à sua volta sem que necessitem de maiores instruções e passam mais ou menos pelos mesmos estágios no processo de aquisição. O processo se dá, na maioria das vezes, de maneira tão rápida e intensa que é difícil para pais e pesquisadores registrar fielmente as mudanças de estágio. Além disso, há pontos de divergência entre os pesquisadores sobre o que, de fato, caracterizaria a aquisição da fala: a capacidade de usar palavras isoladas? A capacidade de formular enunciados? Esses são apenas dois dos critérios que costumam causar divergências e não há uma razão para escolher um deles. Existe, além disso, o fato de, por vezes, a produção da criança não equivaler a sua compreensão: enunciados espontâneos de uma criança podem não revelar exatamente o que ela conhece da língua que está adquirindo.

Por bastante tempo, o fato de os bebês responderem desde muito cedo à voz humana e à diferença entre consoantes surdas e sonoras correspondentes foi considerado prova do conhecimento inato da criança dos traços distintivos da fonologia. Mais recentemente observou-se que filhotes de chimpanzés também fazem isso, o que levou os pesquisadores a constatarem que se trata de uma habilidade comum aos seres humanos e aos primatas superiores, mas que só os primeiros aprendem a se valer dessa distinção de maneira funcional para sua língua.

O processo de aquisição é semelhante em relação à fonologia e à gramática: ao menos nos primeiros estágios, é possível observar que as crianças apresentam uma sequência de desenvolvimento que independe da estrutura da língua e do ambiente em que vivem. Os períodos mais evidentes são o **holofrástico**, em que a criança produz o que pode se assemelhar ao enunciado de uma palavra, entre 9 e 18 meses de idade e o **telegráfico**, com produção de duas palavras, sem apresentar as flexões para verbos, por exemplo, ou a inserção de palavras funcionais, como preposições e conjunções.

À medida que a criança passa do estágio telegráfico a outros estágios, com inserção de novas unidades nos enunciados que produz, sua língua aproxima-se cada vez mais da fala dos adultos. Então, se a língua que ela está adquirindo tem flexões e palavras funcionais, ela fará uso desses elementos gradativamente.

Mais uma vez, é possível pensar como foi que Chomsky contribuiu para o desenvolvimento das teorias de aquisição da linguagem. Podemos resumir a transformação completa proporcionada por ele pela mudança no tratamento que os psicolinguistas passaram a dar à aquisição: não se pode dissociar o estudo do desenvolvimento da competência gramatical da criança de seu desenvolvimento geral cognitivo, emocional e social. Para dar mais força a esses estudos que aprofundam as questões de aquisição da linguagem, houve também uma abrangência que considera mais a interação social da criança. Há várias pesquisas acontecendo em relação ao tempo que a criança demora para adquirir as estruturas de uma língua, o que, é importante dizer, não invalida a hipótese do inatismo.

A partir dessas reflexões sobre as transformações nos estudos de aquisição da linguagem realizadas pelas proposições de Chomsky, já teríamos uma grande contribuição para os estudos linguísticos. Mas as alterações promovidas pelo gerativismo chomskiano se estenderam para as abordagens da gramática transformacional, no início da década de 1960, que passou a incorporar as definições de competência e desempenho em seu espectro teórico. Foi o psicólogo americano George Miller (1920-2012) quem se encarregou de generalizar as ideias do linguista e disseminá-las entre seus colegas. A proposição de Chomsky causou tamanho impacto no grupo de psicólogos e no próprio Miller, que ele afirmou poder, a partir daquele momento, acreditar que a mente era algo mais do que uma palavra de cinco letras.

Aprofundando e convergindo um pouco mais as noções de competência e desempenho* associadas ao inatismo, surgem alguns questionamentos, como: Será que todo falante tem uma gramática gerativa em sua mente? Se respondermos que sim a essa primeira pergunta, poderemos fazer a segunda: Que papel desempenha esse conjunto de regras na produção e compreensão de enunciados pelo falante?

---

* Competência e desempenho podem funcionar como uma dicotomia de conceitos complementares. A competência é o saber que o falante tem da linguagem para acessar sempre que precisa produzir ou compreender frases/sentenças. O desempenho é a ação, é a efetivação do mecanismo de comunicação que a competência permite.

Amparados na tentativa de responder a essas perguntas, os psicolinguistas trabalharam com uma série de pesquisas que sugeriam algumas constatações, como a de que os falantes nativos de um idioma produziam primeiro as sentenças ativas e afirmativas em lugar das passivas e negativas. No entanto, uma série de descobertas posteriores implica também a percepção de que, nesses casos, ao trabalhar sua pesquisa, o linguista abre mão de fatores como limitação de atenção e memória, motivação e interesse, conhecimento factual e preconceito ideológico. E esses fatores podem ser determinantes para a produção ou não de determinadas sentenças em grupos consideráveis de falantes. Essas possibilidades levaram alguns pesquisadores à discordância sobre se os linguistas deveriam ou não deixar de lado o que se sabe dos mecanismos e processos psicológicos para suas definições do que seja a competência linguística.

Então, como considerar ou refutar aspectos teóricos para a abordagem de determinados fenômenos linguísticos na aquisição da linguagem e em outras áreas da psicolinguística? Como você deve ter percebido ao longo da abordagem deste capítulo, essa tarefa não é fácil, exige conhecimento de definições, escolhas teóricas e abandono consciente de fatores que podem ser relevantes.

Em relação às teorias que envolvem linguagem e pensamento, podemos considerar ainda uma última discussão sobre a abordagem chomskiana: a noção de **competência** (*know-how* manifestado no comportamento), que recebe críticas e questionamentos de ordem filosófica e linguística, já que é possível argumentar sobre o fato de ela nada revelar sobre as faculdades não cognitivas: as emoções e vontades.

Nesse ponto, se este texto pertencesse a um romance, seria possível arrematar com um "Durma-se com um barulho desses!". No entanto, por se tratar de teorias minimamente didatizadas, a consideração mais evidente a ser feita é para que se tenha paciência e cuidado com todos os detalhamentos das abordagens. Além disso, não se pode desconsiderar o fato de a ciência ser viva e feita sobre um objeto também vivo e em transformação constante.

cincopontoquatro
Inteligência artificial

Apesar de servir a várias ciências, como a psicologia, a filosofia, a linguística e a informática, a inteligência artificial não pode ser restrita sob a abordagem exclusiva de nenhuma delas, por isso merece algumas considerações particulares em um capítulo que tratou de Chomsky e de aquisição da linguagem. Quando se menciona ciência cognitiva e inteligência artificial, por exemplo, pode ser que haja alguma confusão na aplicação desses conceitos ou mesmo da ideia de que sejam intercambiáveis.

Em 1968, quando as teorias de Chomsky sobre gramática gerativa estavam ganhando campo e influenciando outras ciências, um expoente teórico da área, Marvin Lee Minsky (1927-2016), cientista cognitivo norte-americano, definiu inteligência artificial como "a ciência de fazer máquinas executarem ações que requereriam a inteligência se executadas pelo homem". Uma dessas ações estava centrada na produção e compreensão da linguagem e essa definição parece bastante abrangente e didática até hoje.

O primeiro questionamento que pode ser feito a partir dessa informação é por que desejaríamos que um computador, por exemplo, produzisse e compreendesse a linguagem? Muita coisa mudou social e tecnologicamente desde os anos 1960 e uma das mudanças mais significativas nesse âmbito foi a popularização do acesso às tecnologias de informação, aos computadores, à internet, à possibilidade de comunicação virtual remota, entre outras inovações que transformaram esse setor. Outra grande questão envolvendo as operações mentais transferidas a *softwares* é considerar que o fato de uma máquina realizar processos mentais feitos pelo ser humano não deve ser fator de redução do homem a uma máquina.

A percepção do grande respeito que se deve ter pelos processos linguísticos, desde os mais simples do nosso cotidiano, se deve em grande medida à percepção de como a programação da linguagem de um *software* dos mais simples requer detalhamento e cuidado. Além disso, até o presente momento, a simulação dos processos linguísticos por meio de computadores não causou impactos profundos em teorias da linguística ou da psicolinguística; ao contrário: são elas que, ao se desenvolverem, oferecem mais subsídios às práticas de inteligência artificial.

Podemos afirmar, por exemplo, que o desenvolvimento de linguística computacional, com base em inteligência artificial, possibilitou o desenvolvimento de ferramentas como a de correção automática quando escrevemos em programas de computador. Você já deve inclusive ter observado que os mecanismos de correção têm cores diferentes para indicar problemas diferentes. Problemas ortográficos são indicados em sublinhado vermelho e problemas de concordância em azul, por exemplo.

Síntese

Neste capítulo, para estabelecer as relações entre mente e linguagem, apresentamos conceitos fundamentais referentes às principais teorias da linguagem que consideram as capacidades cerebrais dos falantes.

Embora tenhamos explorado definições mais básicas – as primeiras explorações teóricas a respeito do tema –, também discorremos acerca da importância de algumas indagações sobre como essas teorias podem ser fortalecidas ou revistas com o passar do tempo e de que maneira podem nos auxiliar a explicar situações cotidianas de realização de linguagem.

Indicações culturais

A. I.: inteligência artificial. Direção: Steven Spielberg. EUA: Warner Bros., 2001. 140 min.

O filme combina efeitos do aquecimento global agravados pelo homem e a aplicação da inteligência artificial *para conter esses efeitos, representada por* um *supercomputador denominado A.I. A experiência emocional diante desse cenário catastrófico fica por conta do garotinho David Swinton.*

ELA. Direção: Spike Jonze. EUA/Reino Unido: Sony Pictures, 2013. 126 min.

Um programa operacional de um sistema computacional é apenas uma voz, correto? Mas e se o usuário desse sistema se apaixonar pela voz desse programa... e for correspondido?! Essa relação entre a ficção e a realidade é o drama que nutre o filme Ela.

JIMÉNEZ CANO, R. O robô racista, sexista e xenófobo da Microsoft acaba silenciado. **El País**, San Francisco, 25 mar. 2016. Tecnologia. Disponível em: <http://brasil.elpais.com/brasil/2016/03/24/tecnologia/1458855274_096966.html>. Acesso em: 4 maio 2017.

Já não é surpresa saber que há transformações muito humanizantes feitas por homens em robôs. Mas, quando essas operações são empregadas para deteriorar relações humanas em vez de edificá-las, percebemos o quanto a tecnologia em mãos erradas pode ser nociva. A notícia de uma programação para que um robô pudesse reproduzir xingamentos é um exemplo disso.

O HOMEM bicentenário. Direção: Chris Columbus. Alemanha/EUA: Columbia TriStar, 1999. 132 min.

Algo que no século passado poderia parecer apenas ficção científica está ficando cada vez mais perto de se concretizar em nossos dias. Trata-se da aquisição de sentimentos e percepções humanas por robôs. Essa é a temática do filme que apresenta uma atuação emocionante de Robin Williams. Como uma máquina pode se tornar, aos poucos, humana? Quais as consequências?

PINKER, S. **Como a mente funciona**. São Paulo: Companhia das Letras, 1997.

O que o evolucionismo de Darwin e a moderna ciência cognitiva têm em comum? É o que se pode descobrir lendo a obra do linguista Steven Pinker, que se propõe a abordar como aprendemos com o mundo que nos cerca e quais as diferenças entre quem é considerado gênio e quem é considerado uma pessoa comum.

PINKER, S. **Do que é feito o pensamento**. São Paulo: Companhia das Letras, 2008.

Na tentativa de explicar a natureza humana, o linguista Steven Pinker elabora uma combinação entre obras anteriores (Do que é feito o pensamento e O instinto da linguagem) para desenvolver novas análises.

S1M0NE. Direção: Andrew Niccol. EUA: PlayArte Home Vídeo, 2002. 117 min.

Atores que desistem de papéis ou são impedidos de vivê-los de última hora é algo que sempre promete um frenesi a mais no mundo do cinema. Mas e se o diretor de um filme resolvesse substituir uma estrela de carne e osso por, digamos, um holograma? E mais: e se esse holograma passasse a fazer tanto sucesso que fosse chamado para estrelar campanhas publicitárias de grandes marcas, conceder entrevistas e marcar presença no mundo hollywoodiano? É provável que esse diretor esteja em apuros!

Atividades de autoavaliação

(Enade, 2005) Leia o texto para responder às questões.

> Na produção das primeiras palavras e frases (incorporadas como um bloco do discurso do interlocutor básico), [...] a criança incorpora, junto com a sequência fônica, o contexto específico que deu origem àquele enunciado, como se vê no exemplo a seguir, selecionado da fala de uma criança de 1 ano e 7 meses:
> "Tatente" ("tá quente") para denotar café.
> Assim, as formas maduras aparecem, num primeiro momento, em contexto de especularidade imediata de algum item da fala adulta. Num momento posterior, ou a forma desaparece para reaparecer adaptada ao sistema fonológico da criança muito tempo depois, ou sua forma "menos madura", variável, percorrerá vários meses de mudança até se tornar estável. A forma "desviante" indica reorganizações que a criança empreende na sua trajetória linguística.

(Adaptado de E. M. Scarpa, "Aquisição da Linguagem")

1. É correto afirmar que o texto:
a. descreve o desencadeamento natural de diferentes fenômenos, nos quais a interferência da criança e dos interlocutores é mínima, já que o afloramento das habilidades linguísticas depende da faculdade inata da linguagem.

b. confere ao sujeito um papel passivo diante da própria linguagem, na medida em que ele permanece nas diferentes fases da sua aprendizagem, atrelado aos modelos oferecidos por seus interlocutores básicos.

c. concebe o processo de aquisição da linguagem como mecanismo não linear, já que as fases previstas admitem variantes decorrentes da atuação da criança como reorganizadora de formas anteriormente copiadas.

d. equipara a linguagem infantil à adulta, pois, embora menores, as mesmas dificuldades articulatórias do falante maduro são vivenciadas pela criança que inicia sua trajetória linguística.

e. condiciona o desenvolvimento da linguagem ao provimento de informações corretas por parte dos adultos, porque os usos paternos, de tão reproduzidos pelo aprendiz, fixam-se como padrão.

2. Considerando o exemplo oferecido no texto, afirma-se corretamente que a criança:

a. reconhece *tá* e *quente* como unidades morfológicas distintas.

b. produz uma reorganização linguística (como "tatente") que exemplifica uma divergência com as categorias da linguagem adulta.

c. emprega um item lexical que, embora distinto do previsto, não apresenta divergência com as categorias que a ele correspondem na linguagem adulta.

d. interpreta uma estrutura verbal como nominal, baseando-se unicamente na vogal temática.

e. empreende uma reorganização da linguagem adulta que se deve à exposição a certas palavras descoladas de seu contexto de uso.

3. (Unesp, 2010)

Por que estudar a linguagem? Há muitas respostas possíveis e, ao focalizar algumas delas, não pretendo, é claro, depreciar outras ou questionar sua legitimidade. Algumas pessoas, por exemplo, podem simplesmente achar os elementos da linguagem fascinantes em si mesmos e querer descobrir sua ordem e combinação, sua origem na história ou no indivíduo, ou os modos de sua utilização no pensamento, na ciência ou na arte, ou no intercurso social normal. Uma das razões para estudar a linguagem – e para mim, pessoalmente, a mais premente delas – é a possibilidade instigante de ver a linguagem como "um espelho do espírito", como diz a expressão tradicional. Com isto não quero apenas dizer que os conceitos expressados e as distinções desenvolvidas no uso normal da linguagem nos revelam os modelos do pensamento e o universo do "senso comum" construídos pela mente humana. Mais intrigante ainda, pelo menos para mim, é a possibilidade de descobrir, através do estudo da linguagem, princípios abstratos que governam sua estrutura e uso, princípios que são universais por necessidade biológica e não por simples acidente histórico, e que decorrem de características mentais da espécie. Uma língua humana é um sistema de notável complexidade. Chegar a conhecer uma língua humana seria um feito intelectual extraordinário para uma criatura não especificamente dotada para realizar esta tarefa.

> Uma criança normal adquire esse conhecimento expondo-se relativamente pouco e sem treinamento específico. Ela consegue, então, quase sem esforço, fazer uso de uma estrutura intrincada de regras específicas e princípios reguladores para transmitir seus pensamentos e sentimentos aos outros, provocando nestes ideias novas, percepções e juízos sutis.
>
> (Noam Chomsky. **Reflexões sobre a linguagem**. Trad. Carlos Vogt. São Paulo: Editora Cultrix, 1980)

No início do fragmento, Chomsky afirma que há muitos motivos para estudar a linguagem e aponta alguns deles. Releia o fragmento e, a seguir, assinale a única alternativa que contém um objetivo de estudo da linguagem não mencionado pelo autor:

a. verificar os modos de utilização dos elementos da linguagem no pensamento.
b. descobrir os efeitos da utilização dos elementos da linguagem humana sobre os animais próximos ao homem.
c. descobrir a ordem e combinação dos elementos da linguagem.
d. identificar a origem dos elementos da linguagem na história.
e. verificar os modos de utilização dos elementos da linguagem na ciência e na arte.

4. Assinale a alternativa que define adequadamente o processo em que a criança fala *fazi* no lugar de *fiz* ou *di* no lugar de *dei*:
a. Especulação.
b. Regularização.
c. Sistematização.
d. Hipercorreção.

5. É possível afirmar que o dispositivo de aquisição de linguagem desempenha dois papéis na teoria chomskiana. Quais são eles?
a. Mentalismo e racionalismo.
b. Inatismo e behaviorismo.
c. Inteligência artificial e estímulo.
d. Competência e desempenho.

Atividades de aprendizagem

Questão para reflexão

1. Analise as frases a seguir.

> a. Maria **vai ir** no cinema amanhã.
> b. Maria **vai ficar** em casa amanhã.
> c. Maria **tem tido** dor de cabeça.

É bem possível que, ao ler essas três frases, muitos entendam a letra (a) como redundante por empregar o mesmo verbo duas vezes – "vai ir". Explique essa situação sob seu ponto de vista.

Atividade aplicada: prática

1. Elabore um portfólio contendo cinco histórias contadas por pessoas que você conhece a respeito de como se deu seu processo de alfabetização. Um dos relatos deve ser o seu. Caso você encontre um analfabeto disposto a relatar seu contato (ou a ausência de) com a língua escrita, ouça-o ou grave-o e depois transcreva (nesse caso, você já estará exercitando uma série de outras habilidades

de linguagem, como não distorcer o que ouviu). Depois de recolher as histórias, coloque-as em uma pasta e faça as devidas anotações e considerações a respeito (coloque-se como alguém que lê esses textos e busca exercer o papel de pesquisador, ou seja, que quer compreender o texto, e não julgá-lo). A análise cuidadosa dos relatos pode ainda render um belo artigo científico.

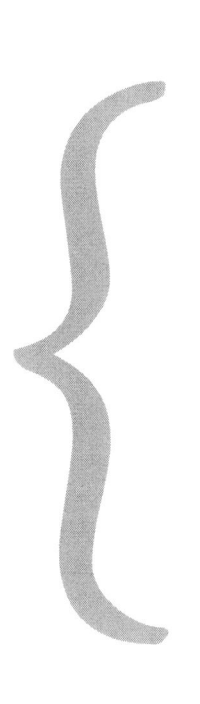

{

considerações finais

❰ COMO VOCÊ DEVE ter percebido ao longo das discussões propostas neste livro, estudar linguística pode ser uma excelente maneira de entender como a linguagem funciona. Além disso, passar pelas fases de especulações e estudos que deram origem ao que hoje denominamos *ciência* é fazer com que novas ideias e perspectivas surjam, principalmente quando observamos que há teorias que recobrem maior ou menor número de situações. Há, ainda, as teorias mais referidas em determinado período, bem como a maneira mais apropriada de associar estudos da linguagem e práticas discursivas ao ensino de línguas, por exemplo.

Esperamos que você tenha aproveitado as seções de exercícios, que vão desde a localização simples de uma resposta no texto-base até as reflexões mais sujeitas ao ambiente e à prática de linguagem que cada um que estuda com este livro tem.

Enfim, para concluir nossa abordagem, esperamos que seu contato com a linguística tenha apenas se iniciado aqui. Desejamos que você se sinta cada vez mais encorajado e disposto a descobrir algo mais forte entre os estudos da linguagem e da educação.

Boa caminhada!

{

referências

AMARAL, E. T. R. A transcrição das fitas: abordagem preliminar. In: MEGALE, H. (Org.). **Filologia bandeirante**: estudos. São Paulo: Humanitas, 2000. v. 1. p. 195-208.

ANDRADE, C. D. Poema de sete faces. In: ANDRADE, C. D. **Poesia e prosa**. Rio de Janeiro: Nova Aguilar, 1983.

APPENDIX PROBI. Disponível em: <http://sun.iwu.edu/~cisabell/courses/spanish403/handouts/appendix_probi.pdf>. Acesso em: 17 abr. 2017.

AULETE DIGITAL. **Medo**. Disponível em: <http://www.aulete.com.br/medo>. Acesso em: 17 abr. 2017a.

AULETE DIGITAL. **Menino**. Disponível em: <http://www.aulete.com.br/menino>. Acesso em: 17 abr. 2017b.

BENVENISTE, É. **Problemas de linguística geral I**. 5. ed. Campinas: Pontes, 2005.

BLOCH, B.; TRAGER, G. L. **Outlines of Linguistic Analysis**. Baltimore: Linguistic Society of America, 1942.

BORGES, J. L. **Do rigor na ciência**. 1960. Disponível em: <http://alfredo-braga.pro.br/biblioteca/rigor.html>. Acesso em: 12 jun. 2017.

BURGESS, A. **Joysprick**: an Introduction to the Language of James Joyce. New York: Harcourt, 1975.

CAETANO, M. Literatura antiga da Índia. Interaja!, 27 abr. 2011. Disponível em: <http://interajalivre.blogspot.com.br/p/letras.html>. Acesso em: 25 maio 2017.

CAMACHO, R. G. Sociolinguística: parte II. In: MUSSALIM, F.; BENTES, A. C. (Org.). Introdução à linguística: domínios e fronteiras. 8. ed. São Paulo: Cortez, 2008. v. 1. p. 49-75.

CARROLL, L. Alice através do espelho e o que Alice encontrou lá. In: **Aventuras de Alice no País das Maravilhas, Através do espelho e o que Alice encontrou lá**. 3. ed. São Paulo: Summus, 1980. p. 133-281.

CHOMSKY, N. **Reflexões sobre a linguagem**. Tradução de Carlos Vogt. São Paulo: Cultrix, 1980.

CHOMSKY, N. **Syntactic Structures**. Haia: Mouton, 1957.

COTRIM, M. Perder a tramontana. **Revista Língua Portuguesa**, v. 1, n. 15, jan. 2007.

FIORIN, J. L. As línguas mudam. **Revista Língua Portuguesa**, v. 1, n. 24, out. 2007.

FIORIN, J. L. Considerações em torno do projeto de lei de defesa, proteção, promoção e uso do idioma apresentado à câmara dos deputados pelo deputado Aldo Rebelo. **Boletim Alab**, Santa Maria, v. 4, n. 4, p. 31-36, jul. 2000. Disponível em: <http://w3.ufsm.br/desireemroth/algumas_publicacoes/textos/Boletim.pdf>. Acesso em: 3 jul. 2017.

FIORIN, J. L. **Introdução à linguística**: princípios de análise. 4. ed. São Paulo: Contexto, 2005. v. 2.

FIORIN, J. L. Tendências da análise do discurso. **Estudos Linguísticos**, v. 19, p. 173-179, jul./dez. 1990.

GNERRE, M. **Linguagem, escrita e poder**. São Paulo: M. Fontes, 2009.

GUIMARÃES ROSA, J. A menina de lá. In: GUIMARÃES ROSA, J. **Primeiras estórias**. Rio de Janeiro: Nova Fronteira, 2001. p. 67-72.

ILARI, R. **Linguística e ensino da língua portuguesa como língua materna**. 2011. Disponível em: <http://pedagogia09stm.blogspot.com.br/2011/04/ilari-rodolfo-sd-linguistica-e-ensino.html>. Acesso em: 4 maio 2017.

INEP – Instituto Nacional de Estudos e Pesquisas Educacionais Anísio Teixeira. **Mapa do analfabetismo no Brasil**. Brasília, DF: MEC, 2003.

LINGUÍSTICA e gramática. Disponível em: <http://www.aldobizzocchi.com.br/artigo4.asp>. Acesso em: 17 abr. 2017.

LYONS, J. **Língua(gem) e linguística: uma introdução**. Tradução de Marilda Winkler Averburg. Rio de Janeiro: LTC, 1987.

OLIVEIRA, A. **Abelhas: a dança em busca de alimento**. Disponível em: <http://www.cpt.com.br/cursos-criacaodeabelhas/artigos/abelhas-a-danca-em-busca-de-alimento#ixzz3yMDWbbz1>. Acesso em: 17 abr. 2017.

PERINI, M. A. Sobre língua, linguagem e linguística: uma entrevista com Mário A. Perini. **ReVEL**, v. 8, n. 14, p. 1-12, 2010. Disponível em: <http://www.revel.inf.br/files/entrevistas/revel_14_entrevista_perini.pdf>. Acesso em: 4 maio 2017.

PINHO, C. Haja kbça p/ tanta 9idade. **IstoÉ**, n. 1848, 16 mar. 2005. Tecnologia & Meio Ambiente. Disponível em: <http://istoe.com.br/3867_HAJA+KBCA+P+TANTA+9IDADE/>. Acesso em: 17 abr. 2017.

POSSENTI, S. Analogias. **Ciência Hoje**, 23 maio 2014. Palavreado. Disponível em: <http://www.cienciahoje.org.br/noticia/v/ler/id/3108/n/analogias>. Acesso em: 17 abr. 2017.

POSSENTI, S. Gramática na cabeça. **Revista Língua Portuguesa**, v. 5, n. 67, maio 2011. Disponível em: <http://www.tudonalingua.com/news/gramatica%20na%20cabe%C3%A7a/>. Acesso em: 25 maio 2017.

PRADO, A. Com licença poética. In: PRADO, A. **Bagagem**. Rio de Janeiro: Record, 2003.

ROBINS, R. H. **Pequena história da linguística**. Tradução de Luiz Martins Monteiro de Barros. Rio de Janeiro: Ao Livro Técnico S/A, 1979.

SALDANHA, I. **Espaços, recursos e conhecimentos dos pescadores de manjuba em Iguape (SP)**. 179 f. Dissertação (Mestrado em Ciência Ambiental) – Universidade de São Paulo, São Paulo, 2005

SAPIR, E. The Status of Linguistics as a Science. **Language**, v. 5, n. 4, p. 207-214, dez. 1929.

SAUSSURE, F. **Curso de linguística geral**. São Paulo: Cultrix, 1969.

SCARPA, E. M. Aquisição da linguagem. In: MUSSALIM, F.; BENTES, A. C. **Introdução à linguística**: domínios e fronteiras. São Paulo: Cortez, 2002. p. 203-232. v. 2.

SCHERRE, M. M. P. **Doa-se lindos filhotes de poodle**: variação linguística, mídia e preconceito. São Paulo: Parábola, 2012.

SILVA, R. V. M. e. **O português arcaico**: fonologia. São Paulo: Contexto, 1991.

TRAVAGLIA, L. C. **Gramática e interação**: uma proposta para o ensino de gramática. 14. ed. São Paulo: Cortez, 2009. p. 22.

VERÍSSIMO, L. F. Pechada. **Nova Escola**, ago. 2004. Disponível em: <https://novaescola.org.br/conteudo/4284/pechada>. Acesso em: 4 maio 2017.

bibliografia comentada

BAKHTIN, M. **Marxismo e filosofia da linguagem**. 7. ed. São Paulo: Hucitec, 1995.

Nessa obra, Bakhtin explica os processos de polifonia e as vozes que aparecem no discurso. Trata-se também de um excelente manual para quando se pensa em fazer leitura global do texto.

BENVENISTE, É. **Problemas de linguística geral I**. Tradução de Maria da Glória Novak e Maria Luisa Neri. Campinas: Pontes, 1995.

Esse é um clássico do pensamento ocidental sobre linguagem e linguística. A abordagem estruturalista permite ao leitor perceber uma série de explicações dos processos de transformação da linguagem e sua relação com o homem.

FIORIN, J. L. **Linguagem e ideologia**. São Paulo: Ática, 1998.

Nesse livro, Fiorin apresenta a impossibilidade de dissociar as escolhas de vocabulário do posicionamento diante dos assuntos e temas como um elemento a ser considerado. A abordagem do livro é bem didática e ajuda a o estudante a compreender melhor como se dá o estreitamento de relações entre linguagem e ideologia.

ILARI, R. **Linguística românica**. São Paulo: Ática, 1992.

Esse é um dos primeiros manuais completos e didáticos sobre os estudos linguísticos das línguas românicas, que contempla desde o período em que se procurava reconstruir o parentesco entre as línguas até as pesquisas linguísticas brasileiras do século XX. É uma abordagem que torna mais completa a leitura do estudante em relação aos estudos linguísticos e suas perspectivas.

LYONS, J. **Lingua(gem) e linguística**: uma introdução. Tradução de Marilda Winkler Averburg. Rio de Janeiro: LTC, 1987.

É um manual que permite discutir desde as primeiras concepções de linguagem elaboradas no início do século XX até as tendências dos estudos contemporâneos à obra, publicada no fim da década de 1980. É um percurso muito bem elaborado sobre os questionamentos que o estudioso da linguagem faz e o que busca quando deseja aplicar ou comprovar uma teoria.

respostas

um

Atividades de autoavaliação

1. d.

   Pelas características apresentadas no texto, é possível depreender que, naquele período (em plena ditadura militar), não era possível estudar análise do discurso, ideologia, variação (social e etária) ou análise semântica (ou seja, de significado). Os estudos do período estavam relacionados exclusivamente à estrutura da língua, exemplificada pela morfologia e pela sintaxe (âmbitos que tornavam o estudo da disciplina mais neutro, por assim dizer).

2. b.

   Não se pode falar na existência de uma linguagem animal justamente porque, entre outras características, a dança das abelhas e o rom-rom dos gatos não podem ser decompostos em unidades menores.

3. a.

   O texto trata integralmente da impossibilidade de se dissociar o homem da linguagem, bem como da impossibilidade de vê-lo inventando a linguagem como faz com os instrumentos exemplificados (flecha, roda, picareta). Além disso, é importante destacar que o texto trata da linguagem em sua amplitude, não somente na fala.

4. c.

   Todos os registros e usos de uma língua têm seu espaço garantido de acordo com o contexto em que se realizam, e cada um desses registros segue suas próprias regras dentro do sistema.

5. a.
   O conhecimento de linguística e práticas linguísticas não só gera produtividade em termos educacionais, como contribui decisivamente para a preparação de aulas melhores pelos profissionais envolvidos no processo.

Atividades de aprendizagem
Questões para reflexão

1. A escrita cibernética foi especialmente inventada para uma situação de comunicação em que os envolvidos precisam utilizar a escrita, mas desejam fazê-lo com a rapidez oferecida pela fala. Com essa reflexão, é possível considerá-la um código artificial. Isso pode ser comprovado pela afirmação da linguista Lúcia Teixeira, que, quando observa a tela do computador de suas filhas, não entende a comunicação feita por esse código (escrita cibernética).

2. O texto cita três tipos de dança observados na comunicação das abelhas, empregados para localizar nova fonte de alimento. No entanto, para elevar isso ao *status* de linguagem, a mensagem trocada pelas abelhas precisaria, entre outras características, apresentar a possibilidade de decomposição em unidades menores – assim como ocorre com as sentenças em uma língua, que podem ser divididas em unidade vocabulares, morfológicas e fonológicas, por exemplo.

Atividade aplicada: prática

1. Sugestão de abordagem: em duplas ou grupos, vocês devem planejar uma aula com ciclo completo (apresentação de conteúdo, desenvolvimento de atividades e avaliação). Uma possibilidade é utilizar várias imagens que costumam circular nas redes sociais como diversão, que mostram empregos distorcidos da norma-padrão (grafia, pontuação e sintaxe). A partir

dessas imagens, é possível discutir com os alunos as maneiras de abordar a situação: como fato linguístico, tentando descrever e elaborar uma explicação para as ocorrências apresentadas; e como erro em relação à norma-padrão, elaborando uma lista de correções para as ocorrências. Como constatação, é importante conduzir os alunos a uma reflexão sobre em que momentos e em que grupos de falantes cada ocorrência acontece. Além disso, é um momento esclarecedor para a percepção de que, em determinadas circunstâncias, como uma avaliação escolar ou um processo seletivo, a norma-padrão precisa ser obedecida ao máximo por se tratar da variante em que se dá a comunicação formal oral e escrita. Para as atividades, também é possível utilizar textos escritos pelos próprios alunos e fazer um levantamento de quais são os principais problemas, como eles podem ser explicados e como fazer para corrigi-los. Lembrem-se de que essa atividade, desde que elaborada com o devido cuidado, pode ser empregada como aula em seu trabalho como professor de Língua Portuguesa e Produção de Textos.

dois
Atividades de autoavaliação
1. d.

Cada som pode corresponder a uma grafia no momento da pronúncia, mas não há correspondência de unidades menores com unidades maiores, como seria o caso de letra e palavra. Em português, assim como em outras línguas, há várias grafias para o mesmo som e vários sons com a mesma grafia. A força está relacionada à tonicidade, e não ao fato de serem letras maiúsculas ou minúsculas. A maneira de a escrita representar a entonação da fala, por sua vez, é com o emprego de sinais de pontuação.

2. d.

O contexto de realização do processo comunicativo precisa ser compartilhado pelos envolvidos na comunicação. O sucesso do processo depende desse fator.

3. c.

Nesse caso, ocorre o contrário: a inserção do "i" na adversativa "mas" a transforma em "mais", ou seja, há um acréscimo, não um apagamento.

4. c.

Esse efeito ocorre porque um dos personagens não compreende o conteúdo linguístico da pergunta. A solicitação do comando da questão é de que se perceba a quebra de expectativa, geradora do efeito de humor.

5. d.

O falante nativo deve se relacionar com essas construções como enunciados, já que as sentenças seriam estruturas abstratas independentes de contexto. E, nesse caso, a comunicação completa se dá apenas com a percepção do contexto de produção.

Atividades de aprendizagem

Questões para reflexão

1. É possível justificar a preocupação, ainda que ela pareça exagerada, pois o falante de uma língua, quando alfabetizado, passa a fazer a distinção entre norma-padrão e outras variantes, como a que pode caracterizar a linguagem publicitária. No entanto, como passamos a pronunciar, em português brasileiro, o *l* e o *u* de final de sílaba da mesma maneira, pode haver confusão na grafia. Assim, *digital* e *"digitau"* poderiam exemplificar a situação. De qualquer forma, há ocorrências na língua que têm significados absolutamente diferentes, apenas com a mudança de *l* para *u*. É o

caso de *calda* (de bolo) e *cauda* (do cachorro/do avião/do vestido). Trata-se de um caso de paronímia – as palavras são escritas ou pronunciadas de maneira muito parecida, mas significam coisas diferentes.

2. Quando não conhecemos a palavra, podemos ter a informação de como pronunciá-la e de qual é sua divisão silábica. Essa é uma vantagem maior quando ainda estamos aprendendo línguas estrangeiras.

três
Atividades de autoavaliação

1. a.

A reconstrução teve como conquista fundamental o estabelecimento e a comprovação do parentesco entre línguas. Ela não elabora teorias ou aplicações que diferenciem norma-padrão de outras realizações de língua nem cria gramáticas para as línguas que estuda.

2. c.

O verbo *cantar* segue o paradigma de 1ª conjugação (–ar) mantendo o radical, conforme se pode ver nas duas listas de formas verbais. Já o verbo *ir* não segue o paradigma de 3ª conjugação e é anômalo, pois não mantém o radical nas diferentes formas verbais, dos vários tempos e modos.

3. a.

O sentido é figurado porque não se trata de uma invasão propriamente dita, mas da incorporação de termos estrangeiros a determinada língua, visto que o léxico é algo variável e diversificado.

4. a.

As mudanças por passagem do tempo não estão relacionadas à chegada de palavras de outras línguas.

5. c.

Trata-se de uma palavra utilizada em determinada região do país para nomear uma situação. Isso se caracteriza como uma indicação de variação dialetal. É preciso relembrar que nem toda variação gera mudança linguística e que o fato de uma região empregar essa palavra não denota mudança já estabelecida. Não se trata também de variação histórica porque não há apresentação de uma mudança que ocorra com o passar do tempo, mas apenas uma variação sincrônica. Também não é um caso de variação de sotaque, pois o que varia é a palavra inteira, não a pronúncia, como indicaria uma alteração de sotaque.

Atividades de aprendizagem

Questões para reflexão

1. Pela regra, o "se" associado ao verbo é pronome apassivador, ou seja, a frase está escrita na voz passiva sintética. Desdobrando-a em voz passiva analítica, temos "São doados lindos filhotes de *poodle*" ou "lindos filhotes de *poodle* são doados". O que acontece frequentemente é que os falantes não percebem mais essa construção como voz passiva, compreendendo o "se" como índice de indeterminação do sujeito, ou seja, a frase seria entendida como "alguém doa lindos filhotes de *poodle*". Em relação à norma-padrão, é a frase 1 que está correta, mas é possível explicar o motivo da escolha da construção 2.

2. Uma das hipóteses sobre o número das construções de *estar* no gerúndio ter aumentado significativamente no Brasil é de que essas construções sejam traduções diretas das construções com gerúndio do inglês, largamente empregadas nos *call centers*, popularizados também no Brasil a partir dos anos 1990. Outra corrente explica que o ressurgimento dessas

ocorrências se deve justamente a sua existência e seu uso constante no português arcaico. O pomo da discórdia, em português contemporâneo, é a percepção pejorativa sobre as informações veiculadas por essas estruturas. O "vou estar transferindo sua ligação" soa como uma punhalada no angustiado consumidor do outro lado da linha. No entanto, é preciso tomar cuidado para não abominar o gerúndio, que é uma forma verbal necessária, como em "quando você chegar, estarei dormindo". A concomitância verbal é encerrada exemplarmente pelo emprego do gerúndio nesse caso.

quatro
Atividades de autoavaliação
1. d.

A parte da linguística que visa explicar e interferir para resolver problemas relacionados ao aprendizado de língua materna em geral é a linguística aplicada.

2. b.

Aquilo que é mais formal e padronizado sofre alterações com menos frequência do que aquilo que é mais flexível, como a oralidade.

3. a.

As informações apresentadas estão corretas em I, II e III, com base na definição do que é o campo de estudo da semântica (significado), fonética (som) e linguística histórica (etimologia/diacronia). Justamente por causa disso, dependendo do tratamento que se der a um dado linguístico, ele será um objeto de estudo diferente. Além disso, toda palavra pode ser analisada do ponto de vista da dicotomia significado/significante – não há restrição.

4. d.

Há ambiguidade em três delas. Em I, o PM ou o assaltante poderiam ser donos da arma de brinquedo mencionada. Em II, a ONU pode instalar um centro de estudos ou a própria pobreza no Rio. Em III, Macarrão ou Eliza podem amar Bruno. É importante lembrar o que a ambiguidade está relacionada à ausência de contextualização das informações. As leituras contextuais podem ser óbvias, mas a estrutura sintática deixa a desejar por oferecer possibilidade de dupla interpretação.

5. b.

Do ponto de vista funcional, as duas frases têm o mesmo significado e as mesmas informações, mas seriam empregadas em contextos diferentes, já que a condição se estabelece, em 1, com a informação de "beber" e, em 2, com a informação de "dirigir".

Atividades de aprendizagem

Questões para reflexão

1. É preciso considerar que o exemplo empregado por Borges é bastante elucidativo em relação ao que pode ou não cada teoria dentro de uma ciência. Para ser válida, ela precisa ter comprovação, mas jamais conseguirá recobrir todas as instâncias do objeto descrito ou estudado. Assim como um mapa do tamanho do território não tem serventia, uma teoria que se proponha a abarcar todos os fatos da linguagem não conseguirá fazê-lo. À medida que se escolhe uma teoria para explicar certas circunstâncias, abre-se mão de outras. Ou ainda, como nos ensinou Saussure: é o ponto de vista que cria o objeto.

2. É importante perceber que nesse momento estamos tratando de uma linguística do texto – não mais apenas da palavra ou da frase, mas da interpretação global de um texto. Esse foi o grande salto promovido pela linguística aplicada, análise do discurso e linguística textual. Nessa interpretação, é importante perceber que há eu lírico masculino de um lado e feminino de outro; há pessimismo/conformismo de um lado e otimismo/disposição de outro. Enfim, a ideia é elaborar possibilidades que permitam uma análise global do texto, algo que se faz de maneira recorrente em aulas de língua.

cinco
Atividades de autoavaliação
1. c.

    A concepção apresentada no texto é de uma aquisição não linear.
2. b.

    Esse é um exemplo interessante de embate entre a linguagem adulta e a infantil (de crianças em fase de aquisição).
3. b.

    Não há menção sobre essa relação no texto, mas todas as considerações contidas na abordagem de Chomsky devem ser lidas com cuidado, pois reiteram os estudos feitos nesta unidade.
4. b.

    A criança tenta regularizar a conjugação verbal, ou seja, gerar novas formas verbais pelo processo de analogia, conforme estudamos anteriormente. Quando a forma não obedece a esse paradigma, ela não identifica, nas primeiras ocorrências, o que deveria elaborar em sua fala.

5. d.

Esses dois papéis remetem às semelhanças entre as línguas e à regularidade com que as crianças adquirem a linguagem.

Atividades de aprendizagem

Questão para reflexão

1. No enunciado "a", o verbo *poder* traz a ideia de ter capacidade; já no "b", traz a ideia de possibilidade.

sobre a autora

CLEUZA CECATO é pós-doutoranda em Linguística pela Universidade Federal do Rio Grande do Sul (UFRGS), doutora em Linguística Aplicada também pela UFRGS, mestra em Linguística e graduada em Letras pela Universidade Federal do Paraná (UFPR). Tem experiência em todos os segmentos da educação básica, com especial dedicação ao ensino médio, além de ministrar aulas relacionadas à área de linguística em cursos de graduação e pós-graduação. Dedicou-se à tradução e à análise de obras latinas e, atualmente, realiza pesquisas voltadas à linguística aplicada, principalmente no que se refere ao aprendizado de produção de textos e afins. Seu interesse profissional é continuar trabalhando com os estudos da linguagem.

Impressão:
Março/2024